KURZE EINFÜHRUNGEN
IN DIE GERMANISTISCHE LINGUISTIK

Band 6

Herausgegeben von
Jörg Meibauer
und
Markus Steinbach

RENATE MUSAN

Satzglied-
analyse

Vierte, aktualisierte Auflage

Universitätsverlag
WINTER
Heidelberg

Bibliografische Information der Deutschen Nationalbibliothek
Die Deutsche Nationalbibliothek verzeichnet diese Publikation
in der Deutschen Nationalbibliografie;
detaillierte bibliografische Daten sind im Internet
über *http://dnb.d-nb.de* abrufbar.

ISBN 978-3-8253-4844-1
4. Auflage 2021

Dieses Werk einschließlich aller seiner Teile ist urheberrechtlich geschützt.
Jede Verwertung außerhalb der engen Grenzen des Urheberrechtsgesetzes
ist ohne Zustimmung des Verlages unzulässig und strafbar. Das gilt insbesondere für Vervielfältigungen, Übersetzungen, Mikroverfilmungen und
die Einspeicherung und Verarbeitung in elektronischen Systemen.
© 2008, 2009, 2013, 2021 Universitätsverlag Winter GmbH Heidelberg
Imprimé en Allemagne · Printed in Germany
Druck: Memminger MedienCentrum, 87700 Memmingen
Gedruckt auf umweltfreundlichem, chlorfrei gebleichtem
und alterungsbeständigem Papier

Den Verlag erreichen Sie im Internet unter:
www.winter-verlag.de

www.kegli-online.de

Vorwort

Die Satzgliedanalyse gehört zum Standardstoff im schulischen Deutschunterricht. Schon allein deswegen sollte sie von Deutschlehrern beherrscht werden. Sie ist aber keineswegs reiner Selbstzweck, sondern eine wichtige Grundlage für das Verständnis der deutschen Sprache. Damit sensibilisiert sie letztlich auch für stilistische Feinheiten literarischer Texte; sie wird folglich auch einem literaturinteressierten Germanistikstudenten von Nutzen sein.

Leider betrachten manche Anhänger modernerer Grammatiktheorien die traditionelle Satzgliedanalyse leicht naserümpfend. Das ist eigentlich nicht ganz einzusehen, denn zu großen Teilen erfasst eine Satzgliedanalyse dasselbe wie andere Theorien, und beispielsweise ist ein generativer Phrasenstrukturbaum ohne jegliches Verständnis der Satzgliedfunktionen undenkbar – auch wenn die strukturellen Zusammenhänge dann anders, möglicherweise sogar eleganter, dargestellt werden. So wird die Einsicht in die Satzgliedanalyse auch einem formal orientierten Sprachwissenschaftler nicht schaden, sondern nützen.

Diese Einführung soll den Leser schrittweise in die Lage versetzen, deutsche Sätze zu analysieren. Im Mittelpunkt steht dabei die Satzgliedanalyse. Dafür werden zwischendurch aber auch andere Dinge zu erklären sein, die bei der Analyse deutscher Sätze eine wichtige Rolle spielen und die für ein tieferes Verständnis dessen, was Sie beim Analysieren tun, unabdinglich sind. So werden wir uns auch mit Wortarten, Konstituenten, Wortstellung und Valenz befassen.

Im Text sind Übungsaufgaben enthalten, für die Sie im Internet bei *Kegli Online* Lösungsvorschläge finden. Bei der Bearbeitung der Aufgaben werden Sie feststellen, dass sie von durchaus unterschiedlichem Schwierigkeitsgrad sind: Die meisten Aufgaben wiederholen zwar lediglich das bereits Gelernte; andere aber sollen Anlass zum Aufmerken oder zum Nachdenken geben; wieder andere machen auf Phänomene aufmerksam, die erst später im Buch behandelt werden, aber einen engen Bezug zu dem gerade Besprochenen haben; ein weiterer Typ Aufgabe thematisiert Punkte, die im Text nicht ausführlich besprochen werden können. Wenn Sie also einmal mit einer Aufgabe nicht gut zurechtkommen, dann bedeutet das nicht unbedingt, dass Sie nicht aufgepasst haben. In den Lösungsvorschlägen habe ich versucht, auf die unterschiedlichen Schwierigkeitsgrade einzugehen, damit Sie Ihre eventuellen Probleme beim Lösen der Aufgaben besser einordnen können.

Es gibt eine ganze Reihe umfassender Grammatiken des Deutschen, zum Beispiel Eisenberg (2006) (= „Der Grundriss"), Engel (2004), Heidolph et al. (1981) (= „Die Grundzüge), Helbig und Buscha (2001) oder Zifonun et al. (1997) (= „Die IDS-Grammatik"). Sie haben alle ihre Vor- und Nachteile und unterscheiden sich sowohl in ihren Ansichten als auch in ihrer Terminologie etwas voneinander. Ich halte mich hier terminologisch in den meisten Punkten an die Duden-Grammatik (2005) – vor allem auch deshalb, weil „der Duden" vielfach als **die** Instanz in allen Sprachfragen betrachtet wird.

Da ich diese Grammatik zwar sehr schätze, sie mir aber doch in manchen Punkten nicht ganz überzeugend erscheint, enthält dieses Buch an einigen Stellen auch kurze kritische Diskussionen, in denen ich unterschiedliche mögliche Ansichten gegeneinander abwäge. Diese Diskussionen sollen – auch wenn sie nicht nur klare Ergebnisse liefern – Anregungen zum Weiterdenken geben.

Ich danke Andrea Bökenheide, Martin Businger, Annika Hübl, Wolfgang Klein, Jörg Meibauer, meiner Mutter, Nathalie Nicolay, Jamila Peters, Markus Steinbach, Wolfgang Sternefeld, Rolf Thieroff und Klaus Welke für ihre aufmerksame Lektüre und die daraus resultierenden Kommentare, Verbesserungsvorschläge und Präzisierungen.

Inhaltsverzeichnis

1. Grundausrüstung 1
1.1 Subjekt und Prädikat 1
1.2 Objekte 3
1.3 Adverbiale Bestimmungen 5
1.4 Attribute 8
1.5 (Subjekt-)Prädikative 8

2. Wortstellung und Stellungsfelder 10

3. Form und Funktion: Wortarten und Satzglieder 13
3.1 Wortarten am Beispiel des Substantivs oder Nomens 15
3.2 Artikelwörter und Pronomen 16
3.3 Verben 20
3.4 Präpositionen und Junktionen 21
3.5 Adjektive und Adverbien 23
3.6 Partikeln 27
3.7 Kleiner Überblick 30
3.8 Phrasen und ihre Köpfe 31

4. Repräsentationen grammatischer Zusammenhänge 34

5. Ein genauerer Blick auf das Prädikat 38
5.1 Rein verbale Prädikate 38
5.2 Nicht-verbale Prädikatsteile I: Partikelverben 40
5.3 Nicht-verbale Prädikatsteile II: Reflexive Verben 41
5.4 Nicht-verbale Prädikatsteile III: Weitere Fälle 42
5.5 „Sätze enthalten Prädikate" 44

6. Subjekte und ihre Tücken 45
6.1 Erscheinungsformen von Subjekten und der Nominativ 45
6.2 Formale Subjekte 46
6.3 „Ein Satz enthält ein Subjekt" 46

7. Objekte und Nicht-Objekte 48
7.1 Form und Funktion von Objekten 48
7.2 Dativobjekte und andere Dative 52
7.3 Präpositionalobjekte und Adverbiale 55

7.4 Objekte und adverbiale Kasus 57
7.5 Agensphrasen, mit einem Exkurs zu semantischen Rollen 58
7.6 Innere Objekte 61

8. Mehr zu Adverbialen und ähnlichem 62
8.1 Andere Sorten von Adverbialen 63
8.2 Was aussieht wie ein Modaladverbial, aber keines ist 64

9. Attribute 66
9.1 Unterarten von Attributen zum Nomen 66
9.2 Artikelwörter als Attribute? 67
9.3 Über komplexe Attribute mit Ergänzungen und Angaben 68
9.4 Eine Asymmetrie zwischen Nomen/Verb und Adjektiv 69
9.5 Appositionen 69

10. Prädikative 70
10.1 Subjekt-, Objekt- und freie Prädikative 72
10.2 Prädikativ oder Nicht-Prädikativ, das ist die Frage 72
10.3 Weitere problematische Fälle 74

11. Zusammengesetzte Sätze 75
11.1 Morpho-syntaktische Eigenschaften von Nebensätzen 75
11.2 Unterschiedliche Gliedsätze und Gliedteilsätze 77
11.3 Die Repräsentation von Nebensätzen (Hypotaxe) 79
11.4 Korrelate 81
11.5 Satzwertige und nicht-satzwertige Infinitivkonstruktion 82
11.6 Parataxe in Tabellen und Stellungsfelderanalysen 83

12. Innerhalb und außerhalb des Satzgliedverbandes 86
12.1 Überblick 86
12.2 Besondere Informationsstruktur-Konstruktionen 87

13. Ein paar Worte zum Schluss, oder zum Anfang 89

Literatur 92

Glossar 94

Sachregister 96

1. Grundausrüstung

Dieses Buch soll Sie dazu in die Lage versetzen, Sätze zu analysieren. Damit ist vor allem gemeint, Satzglieder nach Form und Funktion zu bestimmen und die Zusammenhänge des Satzbaus, also der **Syntax**, zu verstehen und darzustellen.
Dieses erste Kapitel soll dabei dazu dienen, eine gewisse Grundausrüstung für die kommenden Kapitel zusammenzustellen. Denn damit es überhaupt möglich ist, über schwierige Fälle von Satzanalysen zu reden, brauchen wir zunächst einmal eine gewisse Sicherheit in ganz einfachen Fällen. Also werden wir uns vorerst nur um unproblematische Vorkommen einiger ganz besonders wichtiger Satzgliedfunktionen kümmern: Subjekte, Prädikate, Objekte, adverbiale Bestimmungen, Attribute und (Subjekt-)Prädikative.

1.1 Subjekt und Prädikat

Gemeinhin geht man davon aus, dass ein deutscher Satz mindestens ein Subjekt und ein Prädikat enthalten muss. Dass dies so nicht ganz stimmt, werden wir noch früh genug sehen; einstweilen nehmen wir an, dass diese Grundannahme richtig ist.

Ganz grob gesagt handelt es sich beim **Prädikat** eines Satzes um das Verb des Satzes, von dem alles andere im Satz mehr oder weniger direkt abhängt – einschließlich möglicher Zusätze zu diesem Verb; in Kapitel 5 werden wir uns diverse Arten von Prädikaten genauer ansehen.

Das **Subjekt** ist generell der Ausdruck im Satz, der mit einer *Wer-oder-was*-Frage erfragbar ist und der mit dem Prädikat des Satzes bzw. einem Teil davon kongruiert, d. h. in bestimmten grammatischen Merkmalen übereinstimmt. In (1) sind diese Merkmale Person und Numerus. Zu den folgenden Sätzen beispielsweise können wir jeweils fragen: „Wer oder was rennt?" Die Antworten sind jeweils „ich", „du" usw.

(1) a. Ich renn-e.
b. Du renn-st.
c. Lola renn-t.
d. Wir renn-en.
e. Ihr renn-t.
f. Die Banditen renn-en.

Wenn Sie dabei denken, dass das *was* in der *Wer-oder-was*-Frage etwas eigentümlich klingt, haben Sie übrigens völlig recht. Das liegt aber nur daran, dass *was* einzig dazu geeignet ist, nach Nicht-Personen zu fragen. Da nun aber Rennen eine Tätigkeit ist, die üblicherweise von Personen – allenfalls noch von Tieren – ausgeübt wird, erscheint der *Was*-Teil der Frage hier leicht deplatziert. Ginge es in den Beispielsätzen nicht ums Rennen, sondern ums Umkippen, so wäre dies anders: „Wer oder was kippt um?" – „Die Ampel" ist tadellos.

Trotz dieser kleinen Ungereimtheiten zeigen uns die Antworten auf die *Wer-oder-was*-Fragen jeweils das Subjekt des Satzes, hier die Ausdrücke *ich*, *du* usw. Diese Subjektausdrücke stehen in der 1. Person Singular, der 2. Person Singular usw. Und diese grammatischen Merkmale wiederum zeigen sich am Prädikat, an der jeweiligen Verbform von *rennen*. So haben wir, passend zum Subjekt, in (1c) die 3. Person Singular (Präsens Indikativ Aktiv) von *rennen*, in (1d) hingegen die 1. Person Plural (Präsens Indikativ Aktiv) von *rennen*.

Offenkundig steht das jeweilige Subjekt der Sätze oben in einer besonderen Beziehung zu dem Verb *rennen*: Das Verb *rennen* kommt nicht ohne das Subjekt aus; *rennen* verlangt nach einem Subjekt. Das steht in einem gewissen Zusammenhang dazu, wie Renn-**Situationen** beschaffen sind – wenn wir eine Renn-Situation vor uns haben, dann muss es in dieser Situation auch jemanden (beziehungsweise etwas) geben, der (oder das) rennt. Entsprechend können wir auch die Renn-Situation nicht durch das Verb *rennen* bezeichnen, ohne dabei einen ‚Renner' mitzudenken.

Wenn ein Wort – in unserem gerade diskutierten Fall ein Verb – in dieser Weise einen **Rollenspieler** in der von ihm bezeichneten Art von Situation verlangt, können wir sagen, dass er zu der **Valenz** oder den ‚Leerstellen' des Wortes gehört. Man sagt, das Verb *rennen* eröffnet eine Leerstelle für eine **Ergänzung**. Diese Leerstelle wird in unseren Sätzen in (1) jeweils durch das Subjekt gefüllt.

Natürlich können Verben auch eine andere Valenz haben als *rennen*. Ein Verb wie *streicheln* beispielsweise verlangt nicht nur nach einem Subjekt, sondern auch nach einem Objekt. Eine Streichel-Situation bringt immer einen Streichler mit sich, sowie auch jemanden oder etwas, der oder das gestreichelt wird. Entsprechend bezeichnet das Subjekt in einem Satz wie (2) die Streichlerin, Eva. Das Objekt – das übrigens ein Akkusativobjekt ist, dazu mehr im nächsten Abschnitt – bezeichnet denjenigen, der gestreichelt wird, den Kater Willy.

(2) Eva streichelt den Kater Willy.

Dabei bezeichnet das Subjekt in diesem Satz nicht rein zufällig die Streichlerin, während das Objekt den gestreichelten Kater bezeichnet: Wenn ein Satz im Deutschen sowohl ein Subjekt als auch ein Objekt enthält, ist es fast immer so, dass das Subjekt den aktiveren Part in der geschilderten Situation bezeichnet. Stark vereinfachend wird daher manchmal die **semantische Rolle** des Subjekts mit dem Begriff ‚**Agens**' bezeichnet. Darauf werden wir später, in Abschnitt 7.5, noch näher eingehen. Die Idee der Valenz werden wir gleich im Laufe der folgenden Abschnitte zu verfeinern anfangen.

1.2 Objekte

Wie Subjekte werden auch **Objekte** immer von der Valenz eines Wortes gesteuert: Verben können Objekte als **Ergänzungen** haben. Gehören zu einem Verb ein oder mehrere Objekte, so bestimmt das Verb, wie das Objekt auszusehen hat, d. h. das Verb legt fest, welchen Kasus (Genitiv, Dativ oder Akkusativ) das Objekt hat oder ob es mit einer Präposition gebildet werden muss – und wenn ja, mit welcher.

Entsprechend unterscheidet man Genitivobjekte, Dativobjekte, Akkusativobjekte und Präpositionalobjekte. Sie sind, wie Subjekte, durch Fragen identifizierbar. **Genitivobjekte** werden mit *Wessen*-Fragen, **Dativobjekte** mit *Wem-oder-was*-Fragen, **Akkusativobjekte** mit *Wen-oder-was*-Fragen identifiziert, und die Frage nach einem **Präpositionalobjekt** wird mithilfe der entsprechenden Präposition formuliert.

(3) a. *Genitivobjekt:* Das Publikum gedachte *des besten Fußballspielers.* – Wessen gedachte das Publikum? – Des besten Fußballspielers.
b. *Dativobjekt: Dem Spieler* half keiner. – Wem oder was half keiner? – Dem Spieler.
c. *Akkusativobjekt:* Der Schiedsrichter sah *das Foul.* – Wen oder was sah der Schiedsrichter? – Das Foul.
d. *Präpositionalobjekt:* Die Zuschauer warteten *auf die Entscheidung.* – Auf wen oder was/worauf warteten die Zuschauer? – Auf die Entscheidung.

Akkusativobjekte kommen übrigens am häufigsten vor, Genitivobjekte mit Abstand am seltensten.

Bei den **Fragen** nach dem Dativobjekt und dem Akkusativobjekt – wie auch bei den Fragen nach dem Subjekt – ist zu beachten, dass der Kasus in der Fragestellung natürlich nur durch *wer, wem* bzw.

wen klar angezeigt wird. Der Zusatz *oder was* ist aber – ganz besonders oft bei den Fragen nach Subjekten oder nach Akkusativobjekten – notwendig, um Irritationen durch unbelebte Subjekte oder Objekte zu vermeiden. Denn Frage/Antwort-Dialoge wie *Wen hast du gekauft? – Ein Fahrrad* sind schlicht missglückt, während *Was hast du gekauft? – Ein Fahrrad* vollkommen in Ordnung ist.

Es wird Ihnen vermutlich aufgefallen sein, dass ein paar der gerade aufgeführten Fragen dennoch eigenartig klingen. Das gilt für die Frage nach dem Genitivobjekt ebenso wie für die nach dem Dativobjekt. Es hat aber in beiden Fällen recht verschiedene Gründe. So ist die *Wessen*-Frage schlicht deshalb ungewöhnlich, weil Genitivobjekte so unüblich sind. Es ist zwar nicht – oder noch nicht – ausgestorben wie die Dinosaurier, hat aber inzwischen in manchen Satzkonstruktionen ungefähr den Seltenheitswert eines Berggorillas.

Anders liegt der Fall bei den *Wem-oder-was*-Fragen nach dem Dativ. Hier haben wir ein echtes Problem; das Deutsche hat an dieser Stelle eine empfindliche Lücke im System. Es gibt nämlich für das Frage- oder Interrogativpronomen *was* keine Dativ-Form. Unbelebte Dativobjekte sind also in gewisser Weise nicht vorgesehen, und das verursacht Probleme. Denn einerseits ist *Wem ähnelt das Empire State Building? – Dem Chrysler Building* missglückt, weil das Chrysler Building nicht belebt ist. Doch andererseits ist *Was ähnelt das Empire State Building?* überhaupt nicht akzeptabel, weil es eben die Variante *was* des Interrogativpronomens im Dativ nicht gibt. Die Frage *Wem oder was ähnelt das Empire State Building?* hingegen wird zwar kaum echten Enthusiasmus über ihre Wohlgeformtheit auslösen, scheint aber hier dennoch die beste Frage-Variante zu sein, die uns zur Verfügung steht. Die Sprecherintuitionen variieren jedoch etwas.

Am Anfang dieses Abschnitts hatte ich darauf hingewiesen, dass Objekte und Subjekte Ergänzungen, d. h. durch die Valenz eines Wortes vorgesehen sind. Dabei ist es allerdings keineswegs so, dass jedes der Valenz nach vorgesehene Element in einem Satz zwingend realisiert sein müsste. Satz (4a) enthält das Verb *erkennen* und ein Subjekt und ein Akkusativobjekt zu diesem Verb. (4b) zeigt, dass das Akkusativobjekt hier nicht einfach weggelassen werden kann; der Satz wird dann ungrammatisch oder inakzeptabel – dies wird durch das kleine Sternchen vor dem Beispielsatz angezeigt. (4c) illustriert, dass dasselbe für das Subjekt gilt. Anders ist es bei dem Verb *essen*, das ebenfalls mit einem Subjekt und einem Akkusativobjekt erscheinen kann (4d). Das Akkusativobjekt ist hier jedoch offensichtlich **weglassbar** (4e). Das Subjekt allerdings muss auch bei dem Verb *essen* realisiert werden; wird es weggelassen, so ist der resultierende Satz nicht akzeptabel (4f).

(4) a. Der Kommissar erkannte den Mörder.
 b. *Der Kommissar erkannte.
 c. *Erkannte den Mörder.
 d. Der Gorilla aß Karotten.
 e. Der Gorilla aß.
 f. *Aß Karotten.

Ergänzungen, die man realisieren muss, werden als **obligatorische Ergänzungen** bezeichnet. Ergänzungen, die weggelassen werden können, heißen **fakultative Ergänzungen**. Das Verb *erkennen* hat also zwei obligatorische Ergänzungen, das Subjekt und das Akkusativobjekt. Das Verb *essen* hingegen hat eine obligatorische Ergänzung, das Subjekt, und eine fakultative Ergänzung, das Akkusativobjekt.

Ein besonderer Fall sind Verben, bei denen das Weglassen eines Objekts zu einer Bedeutungsveränderung führt, wie zum Beispiel bei *sie gibt*. Der Satz besagt nämlich nicht einfach nur, dass sie jemandem etwas gibt. Vielmehr könnte der Satz paraphrasiert werden als „sie teilt Karten aus". In diesen Fällen handelt es sich um keine echten fakultativen Objekte.

1.3 Adverbiale Bestimmungen

Anders als Subjekte und Objekte sind **adverbiale Bestimmungen** – oder kurz: **Adverbiale** – nicht immer durch die Valenz eines Wortes bestimmt. Im Gegenteil, dieser Fall tritt zwar auf, ist aber sogar vergleichsweise selten. Adverbiale unterscheiden sich noch in einer anderen Hinsicht wesentlich von Subjekten und Objekten: Während Subjekte und Objekte so etwas wie Rollenspieler in der Situation darstellen, die durch das valenzbestimmende Wort gegeben ist, zeigen Adverbiale die äußeren **Umstände** der Situation auf: Wo findet die Situation statt, wann, wie und warum? Diese Fragen geben uns denn auch die vier wichtigsten Grundtypen von Adverbialen an. Sie werden üblicherweise anders als beispielsweise Objekte nicht nach formalen Kriterien wie Kasus oder Vorhandensein einer Präposition klassifiziert, sondern nach semantischen Kriterien. Dafür gibt es gerade im Rahmen der Schulgrammatik gute Gründe: Der Deutschunterricht soll Schüler*innen nicht nur beibringen, grammatisch akzeptable Sätze zu produzieren, sondern er soll sie auch für inhaltliche Textzusammenhänge und passende Ausdrucksweisen dafür sensibilisieren. Dazu ist es sehr hilfreich, sich des Begriffsinventars der semantischen Klassifikation von Adverbialen bedienen zu können.

Lokaladverbiale, d. h. adverbiale Bestimmungen des Ortes, werden mittels ortsbezogener Fragen identifiziert. Der Grundtyp ist die Frage mit *wo*. Allerdings sind noch ein paar weitere Arten von Lokaladverbialen zu unterscheiden, für die man mit der reinen *Wo*-Frage nicht wirklich auskommt.

(5) a. *Ort:* Sie wartet auf der Treppe. – Wo wartet sie? – Auf der Treppe.
 b. *Richtung/Zielort:* Sie schickte die Kollegin in die Wüste. – Wohin schickte sie die Kollegin? – In die Wüste.
 c. *Herkunft:* Wolfgang kommt aus dem Antiquariat. – Woher kommt Wolfgang? – Aus dem Antiquariat.
 d. *Räumliche Erstreckung:* Sie sind 18 Kilometer weit gewandert. – Wie weit sind sie gewandert? – 18 Kilometer weit.

Immerhin sind diese Fragen daran erkennbar, dass sie alle etwas mit räumlichen Gegebenheiten zu tun haben.

Temporaladverbiale, d. h. adverbiale Bestimmungen der Zeit, werden durch zeitbezogene Fragen identifiziert. Ähnlich wie im Falle der Lokaladverbiale haben wir auch hierfür eine Standardfrage, die Frage mit *wann*. Doch wie bei den Lokaladverbialen können unterschiedliche Gesichtspunkte der Zeitstruktur eine Rolle spielen.

(6) a. *Zeitpunkt:* Am Dienstag werden wir uns wieder sehen. – Wann werden wir uns wieder sehen? – Am Dienstag.
 b. *Wiederholung:* Eva kämmt sich zweimal am Tag. – Wie oft kämmt Eva sich? – Zweimal am Tag.
 c. *Zeitliche Erstreckung:* Bis halb neun darf Eva noch Sudokus lösen. – Wie lange/bis (seit) wann darf Eva noch (schon) Sudokus lösen? – Bis halb neun (seit Weihnachten).

Modaladverbiale, d. h. adverbiale Bestimmungen der Art und Weise, werden oft mit *Wie*-Fragen identifiziert. Jedoch zeigt sich gerade bei diesem Adverbialtyp, dass mit „Art und Weise" sehr unterschiedliche Aspekte von Situationen gemeint sein können.

(7) a. *Beschaffenheit/So-Sein:* Er spricht sehr schnell. – Wie spricht er? – Sehr schnell.
 b. *Quantität:* Sie quasselt genug. – Wie viel quasselt sie? – Genug.
 c. *Grad/Intensität:* Sie nervt mich irrsinnig doll. – Wie sehr nervt sie mich? – Irrsinnig doll.
 d. *(Graduelle) Differenz:* Die Temperatur ist um fünf Grad gestiegen. – Um wie viel ist die Temperatur gestiegen? – Um fünf Grad.

    e. *Stoffliche Beschaffenheit:* Eva klebt aus Papier eine Tasche zusammen. – Woraus klebt Eva eine Tasche zusammen? – Aus Papier.
    f. *Mittel/Werkzeug:* Eva schneidet das Papier mit der Zickzackschere. – Womit/wodurch schneidet Eva das Papier? – Mit der Zickzackschere.
    g. *Begleitung:* Ich fahre mit Angelika nach Heidelberg. – Mit wem fahre ich nach Heidelberg? – Mit Angelika.

Modaladverbiale mit ihren doch recht verschiedenen Untertypen sind vermutlich am schwierigsten zu identifizieren.

Kausaladverbiale im weiteren Sinne haben immer irgend etwas mit Kausalität zu tun, also mit Gründen und Ursachen. Gründe und Ursachen allerdings treten in unterschiedlichen Ausprägungen auf bzw. haben einen unterschiedlichen Beigeschmack, je nachdem, unter welcher Perspektive man sie betrachtet. Falls ein Beet extrem trocken aussieht, gieße ich es; d. h. das Trocken-Aussehen ist eine Bedingung für meine Gieß-Aktion. Wenn ich das Beet gegossen habe und es danach nass ist, können wir davon ausgehen, dass das Gießen der Grund oder die Ursache für das Nass-Sein des Beets ist. Umgekehrt können wir sagen, dass das Nass-Sein des Beets eine Folge des Gießens ist. Man könnte aber auch sagen, das Ziel oder die Absicht meiner Gieß-Aktion sei gewesen, das Beet nass zu machen. Und schließlich kann man sich auch vorstellen, dass das Beet zwar nass ist, ich es aber dennoch – aus was für Gründen auch immer, vielleicht um die neue Gießkanne auszuprobieren – gieße; in dem Fall führe ich die Gießaktion durch, obwohl es dazu einen möglichen Gegengrund gibt – der allerdings insofern wirkungslos ist, als er mich nicht von meinem Tun abhält.

Entsprechend diesen Möglichkeiten unterscheidet man auch unter der Überschrift „Kausaladverbial im weiteren Sinne" mehrere Unterarten von Adverbialen. Sie werden durch Fragen identifiziert, die etwas mit Gründen, Ursachen, Zielen oder Absichten zu tun haben. Die Standardfrage ist hierfür die Frage mit *warum*. Aber man muss auch hier noch weitere Fragetypen heranziehen.

(8) a. *Grund oder Ursache im engeren Sinne/**Kausaladverbial** im engeren Sinne:* Sie erschlug ihn aus purem Zorn. – Warum erschlug sie ihn? – Aus purem Zorn.
    b. *Bedingung/**Konditionaladverbial**:* Bei absoluter Belehrungsresistenz ist eine Diskussion völlig nutzlos. – In welchem Fall/unter welcher Bedingung ist eine Diskussion völlig nutzlos? – Bei absoluter Belehrungsresistenz.
    c. *Folge/**Konsekutivadverbial**:* Sie heulte zum Steinerweichen. – Mit welcher Folge/mit welchem Ergebnis heulte sie? – Zum Steinerweichen.
    d. *Zweck/**Finaladverbial**:* Ich fahre zur Erholung nach Heidelberg. – Wozu/in welcher Absicht fahre ich nach Heidelberg? – Zur Erholung.

e. *(Wirkungsloser) Gegengrund/**Konzessivadverbial**:* Trotz seiner dämlichen Bemerkungen war der Abend schön. – Trotz welchen Umstands war der Abend schön? – Trotz seiner dämlichen Bemerkungen.

Bei der genauen Identifikation von Kausaladverbialen (im weiteren Sinne) hilft manchmal nur, sich die inhaltlichen Zusammenhänge vor Augen zu führen.

Es wurde schon darauf hingewiesen, dass Adverbiale gewöhnlich nicht valenzbestimmt sind, dass dies aber durchaus vorkommt. Ein gutes Beispiel dafür ist *auf den Tisch* in dem Satz *Peter stellt die Vase auf den Tisch*. Ich kann hier nicht ausführlich darauf eingehen, wie man valenzbestimmte Ausdrücke, also Ergänzungen, von nicht-valenzbestimmten Ausdrücken, d. h. von Angaben, unterscheidet. Ein Kriterium ist allerdings so gut wie narrensicher: Wenn man einen Ausdruck aus einem Satz nicht weglassen kann, ohne dass der Satz unakzeptabel wird, dann liegt eine Ergänzung vor. Das ist bei unserem Beispiel der Fall – **Peter stellt die Vase* ist nicht akzeptabel. Daraus können wir schließen, dass das Lokaladverbial *auf den Tisch* in dem Satz eine Ergänzung ist.

1.4 Attribute

Attribute sind keine Satzglieder, sondern **Gliedteile**. Sie sind bestimmte Arten von Zusätzen zu Substantiven oder Nomen. Ein Standardfall ist das **Adjektivattribut**, bei dem einem Nomen ein vorangestelltes Adjektiv zugeordnet ist, wie in *die fatalen Auswirkungen* oder das Genitivattribut, bei dem einem Nomen ein vor- oder nachgestellter Genitiv zugeordnet ist wie in *des Vollmonds fatale Auswirkungen* oder *die fatalen Auswirkungen des Vollmonds*. Viel mehr als dies möchte ich im Augenblick nicht über Attribute sagen. Wir kommen darauf in Kapitel 9 zurück.

1.5 (Subjekt-)Prädikative

Ein **(Subjekt-)Prädikativ** (in der traditionellen Grammatik auch bekannt als **Prädikatsnomen**) ist ein Ausdruck, der zu einem so genannten Kopulaverb als Ergänzung hinzutritt und eine Eigenschaft des Subjekts ausdrückt. Das Kopulaverb ist ein vergleichsweise inhaltsarmes Verb, das die grammatisch wichtige Funktion hat, das für den deutschen Satzbau zentrale Verb zu liefern, und das semantisch die Verbindung zwischen dem Subjekt und dem Prädikativ herstellt. Die drei wichtigsten **Kopulaverben** sind *sein*, *werden* und *bleiben*; sie haben dabei auch eine zeitliche Komponente.

(9) a. Hans ist fleißig.
b. Maria wird Abgeordnete.
c. Hans bleibt ein Student.

In (9a) wird Hans die Eigenschaft zugesprochen, fleißig zu sein. (9b) sagt, dass Maria eine Abgeordnete wird – demnach sollte sie irgendwann in der Zukunft die Eigenschaft haben, Abgeordnete zu sein. Und (9c) besagt, grob gesprochen, dass Hans nicht nur jetzt Student ist, sondern auch in der näheren Zukunft die Eigenschaft haben wird, ein Student zu sein. In jedem dieser Fälle wird also der durch das Subjekt bezeichneten Person eine Eigenschaft zugeschrieben; diese Eigenschaft wird durch die Wahl des Kopulaverbs *sein*, *werden* oder *bleiben* nur jeweils etwas anders zeitlich eingeordnet.

Aufgabe 1: Überlegen Sie, welche Satzgliedfunktionen in den folgenden Sätzen zu beobachten sind.
a. *Fritz faselt.* b. *Katrin kocht Karotten.* c. *Günther hilft dem Gärtner.* d. *Das Argument entbehrt jeglicher Logik.* e. *Dem Gorilla gab Gisela eine goldene Gabel.* f. *Rolf lehrt seine Studenten Flexionsmorphologie.* g. *Unter dem Schrank liegt eine Muschel.* h. *Unter dem Wetter litten alle Studenten.* i. *Dieses Semester erkrankten wenige Studenten.* j. *Der Philodendron ist giftig.* k. *Die Monarchie bleibt das größte Problem.* l. *Der fleißigste Student wurde Max.* m. *Der kerngesunde Fritz wanderte gestern trotz des widrigen Wetters mit seiner Oma durch den Park.*
Aufgabe 2: Vergleichen Sie die Sätze (g) und (h) aus Aufgabe 1. Mit welchen Fragen kann man *unter dem Schrank* und *unter dem Wetter* jeweils erfragen, mit welchen nicht?
Aufgabe 3: Überdenken Sie Ihre Analyse für Satz (l) aus Aufgabe 1. Wird Max die Eigenschaft zugeschrieben, der fleißigste Student zu werden, oder wird dem fleißigsten Studenten die Eigenschaft zugeschrieben, Max zu werden? Sind beide Möglichkeiten vorstellbar?

Grundbegriffe: Syntax, Prädikat, Subjekt, Genitiv-, Dativ, Akkusativ-, Präpositionalobjekt, Lokal-, Temporal-, Modaladverbial, Kausaladverbial im weiteren Sinne, Finaladverbial, Kausaladverbial im engeren Sinne, Konditional-, Konsekutiv-, Konzessivadverbial, Adjektivattribut, Subjekt-Prädikativ, Identifikation von Satzgliedern durch Fragen, Valenz, obligatorische Ergänzung, fakultative Ergänzung, Weglassbarkeit, Rollenspieler, semantische Rolle.

Weiterführende Literatur: Altmann und Hahnemann (2005), Welke (2007).

2. Wortstellung und Stellungsfelder

In diesem Kapitel behandeln wir einige Rahmenfakten über die Wortstellung des Deutschen, über die Sie in den folgenden Kapiteln Bescheid wissen müssen; einiges davon wird Ihnen vielleicht vertraut sein, anderes nicht. Später in diesem Buch werden wir dann noch einige Male in bestimmten Zusammenhängen auf Wortstellungsphänomene zurückkommen.

Das Deutsche hat eine relativ **freie Wortstellung**. Die folgenden Sätze illustrieren dies; manche von ihnen sind allerdings darauf angewiesen, dass bestimmte Ausdrücke betont werden – (1e) beispielsweise ist nur dann akzeptabel, wenn *sich* besonders akzentuiert ist.

(1)   a. Eva hat sich gestern in der Schule einen Zahn herausgerissen.
       b. In der Schule hat sich gestern Eva einen Zahn herausgerissen.
       c. Gestern hat sich Eva einen Zahn in der Schule herausgerissen.
       d. Einen Zahn hat sich gestern in der Schule Eva herausgerissen.
       e. Sich hat Eva gestern in der Schule einen Zahn herausgerissen.
       f. Eva hat sich gestern einen Zahn herausgerissen in der Schule.
       g. weil Eva sich gestern in der Schule einen Zahn herausgerissen hat
       … und so weiter …

Um diese Vielzahl von Wortstellungsmöglichkeiten überhaupt beschreiben zu können, eignet sich besonders das sogenannte **topologische Modell** oder **Stellungsfeldermodell**. Es wurde ursprünglich in den Dreißigerjahren des letzten Jahrhunderts von dem Grammatiker Drach vorgeschlagen und ist heute in etwas revidierter Form gang und gäbe. Demnach wird der deutsche Satz in **Vorfeld**, **Mittelfeld** und **Nachfeld** unterteilt. Ferner wird das Mittelfeld von der sogenannten Satzklammer mit dem **linken Satzklammerfeld** (oder kurz: der linken Satzklammer, LSK) und dem **rechten Satzklammerfeld** (kurz: rechte Satzklammer, RSK) umschlossen. Manchmal muss noch ein sogenanntes '**Vor-Vorfeld**' angenommen werden. Wie der Name nahelegt, liegt es – na, wo wohl? – genau: vor dem Vorfeld. Übrigens gibt es gute Gründe, in der Zone vor dem Vorfeld sogar noch feinere Felderunterscheidungen zu treffen; das würde in diesem Einführungsbuch allerdings zu weit führen. Die genannten Felder müssen nicht immer alle besetzt sein.

Wendet man das Modell auf die obigen Sätze an, so erscheint die etwas chaotisch anmutende Wortstellungsfreiheit des Deutschen gleich viel strukturierter: Die Verben halten sich in der linken oder rechten Satzklammer ihres Satzes auf. In der linken Satzklammer können nur finite Verben wie *rennst*, *sagt* oder *hat* stehen oder Subjunktionen wie *dass, weil, nachdem* oder *obwohl*. Im Vorfeld steht meist – aber keineswegs immer – genau ein Satzglied; welches das ist, ist recht frei wählbar. Manche Ausdrücke können im Nachfeld stehen; vor allem Nebensätze treten dort gerne auf. Und der Rest des Satzes steht im Mittelfeld. Dort können die Satzglieder in unterschiedlicher Reihenfolge auftreten. Nebensätze werden übrigens als Teil ihres einbettenden Satzes immer in dessen Stellungsfelder mit eingeordnet; in einer weiteren Zeile dröselt man ihre interne Struktur auf.

(2) Einige mögliche Stellungsfelderbesetzungen

Vorfeld	LSK	Mittelfeld	RSK	Nachfeld
Eva	*hat*	*sich gestern in der Schule einen Zahn*	*herausgerissen*	
In der Schule	*hat*	*sich gestern Eva einen Zahn*	*herausgerissen*	
Gestern	*hat*	*sich Eva einen Zahn in der Schule*	*herausgerissen*	
Einen Zahn	*hat*	*sich gestern in der Schule Eva*	*herausgerissen*	
Sich	*hat*	*Eva gestern in der Schule einen Zahn*	*herausgerissen*	
Eva	*hat*	*sich gestern einen Zahn*	*herausgerissen*	*in der Schule*
Eva	*hat*	*sich*	*gefreut*	*weil sie sich gestern einen Zahn herausgerissen hat*
	weil	*sie sich gestern einen Zahn*	*herausgerissen hat*	

Die meisten Linguisten neigen heute zu der Ansicht, dass es unter den vielen verschiedenen möglichen Wortstellungen des Deutschen eine gibt, die man als 'zugrundeliegend' bezeichnet und aus der sich die andern nach bestimmten Regeln ableiten lassen. In dieser **Grundwortstellung** stehen die Wörter dort, wo sie inhaltlich bzw. hinsichtlich ihrer Satzglied- oder Satzgliedteilfunktion 'eigentlich' hingehören – beispielsweise stehen die Objekte dort in der Nähe ihres Verbs, die Attribute in der Nähe ihres Bezugswortes usw. Der Verbkomplex steht zugrundeliegend in der rechten Satzklammer.

Im Mittelfeld stehen zugrundeliegend bei den meisten Verben Subjekt – Dativobjekt – Akkusativobjekt wie in (3a). Im Mittelfeld gibt es unter den Satzgliedern jedoch oft Variationsmöglichkeiten. Dort steht **neue, unbekannte Information** bevorzugt rechts, **alte, bekannte Information** bevorzugt links, insbesondere definite Satzglieder bevorzugt vor indefiniten (3b) (zur Definitheit siehe

Abschnitt 3.2) und Pronomen bevorzugt vor Nicht-Pronomen (3c). Und Satzglieder, die etwas Belebtes bezeichnen, stehen bevorzugt vor Satzgliedern, die etwas Unbelebtes bezeichnen (3d).

(3) a. Gestern hat Sina ihrem Bekannten ihre Freundin vorgestellt.
 b. Sina hat ihre Freundin einem Bekannten vorgestellt.
 c. Sina hat ihm ihre Freundin vorgestellt.
 d. Sina hat ihrer Freundin das Fernsehprogramm erläutert.

'Bevorzugt' heißt hier, dass dies keine zwingende Regel ist. Man kann davon also abweichen.

Ein Grund für eine solche Abweichung kann sein, dass die Faktoren, die die Wortstellung beeinflussen, manchmal miteinander konkurrieren. Stellen wir uns z. B. vor, wir hätten in einem Satz ein indefinites Dativobjekt, das eine Person bezeichnet, und ein definites Akkusativobjekt, das einen Gegenstand bezeichnet. Dann ‚will' das Akkusativobjekt vor dem Dativobjekt stehen, weil es definit ist; das Dativobjekt aber will vor dem Akkusativobjekt stehen, weil es etwas Belebtes bezeichnet (siehe Aufgabe 2). Es ist klar, dass nur eines dieser beiden Prinzipien gewinnen kann. In diesem Fall liegt dann natürlich ein Verstoß gegen das andere Prinzip vor.

Auch für die Belegung des Vorfelds gibt es viele Variationsmöglichkeiten, was Sie ja auch schon in (2) sehen konnten. Damit und mit anderen Faktoren, die unsere Wortstellung beeinflussen, können wir uns in diesem Buch leider nicht ausführlicher befassen.

Die Stellung der einzelnen Bestandteile des Verbkomplexes hängt weitgehend vom **Satztyp** ab. So steht das finite Verb im normalen Aussagehauptsatz in der linken Satzklammer, in einer Entscheidungsfrage ebenfalls. In den meisten Nebensätzen – keineswegs aber in allen! – steht es allerdings in der rechten Satzklammer. Das kann man in unserer Tabelle in (2) anschauen.

Darüber hinaus haben einzelne Satztypen Ansprüche daran, ob bestimmte Stellungsfelder gefüllt sein können oder müssen. Der normale Aussagehauptsatz beispielsweise verlangt, dass sein Vorfeld gefüllt sein muss (4a); ist es nicht gefüllt, so ist der Satz nicht akzeptabel (4b). Erscheint es aus irgendwelchen Gründen ratsam, z.B. weil man einem Satz eine besondere Betonung geben will, keine substanziellen Bestandteile des Satzes ins Vorfeld zu stellen, so kann man das Vorfeld notfalls auch füllen, indem man ein ‚bedeutungsloses' *es* hineinstellt, ein sogenanntes ‚**Platzhalter-*es***' oder ‚**Vorfeld-*es***' (4c).

(4) a. Mein Herz schlug.
 b. *Schlug mein Herz.
 c. Es schlug mein Herz.

Ein Grund dafür, dass man diesen Trick anwendet, kann übrigens sein, dass man bestimmte Elemente des Satzes besonders akzentuieren will. In unserem Falle war wohl der Auslöser für den Autor, dass er ein bestimmtes Metrum erreichen wollte. Der kleine Satz ist nämlich der Beginn von Goethes Gedicht "Willkommen und Abschied". Die erste Zeile lautet dort vollständig: *Es schlug mein Herz, geschwind zu Pferde!* Der Satz *Mein Herz schlug, geschwind zu Pferde!* würde belanglos und wenig schön klingen.

Dass das *es* in dieser Verwendung nichts bedeutet, merkt man übrigens, wenn man den Satz umstellt: *Mein Herz schlug es, geschwind zu Pferde!* Hier steht das *es* nicht mehr im Vorfeld, kann also keine Platzhalter-Funktion haben. Deswegen muss es sich auf etwas beziehen. Und dadurch erhält der Satz auf einmal eine ganz andere und ganz unerwünschte Bedeutung: Es handelt sich hier nicht mehr um ein normales, lebendiges, klopfendes Herz, sondern um ein sehr sonderbares Herz, das ein 'Es' – vielleicht das Pferd? – verhaut.

Aufgabe 1: Erstellen Sie für die folgenden Sätze jeweils eine Stellungsfelder-Analyse: a. *Diesen Sonntag kommt ein Zirkus.* b. *Marianne sang die Arie.* c. *Ludwig schenkte der Nervensäge eine Trompete.* d. *Es schenkte Ludwig der Nervensäge eine Trompete.*
Aufgabe 2: Überdenken Sie den Satz *Ludwig schenkte eine Trompete der Nervensäge.* Erklären Sie, weshalb dieser Satz nicht recht gelungen ist.

Grundbegriffe: Topologisches oder Stellungsfeldermodell, Wortstellung, freie Wortstellung, Vor-Vorfeld, Vorfeld, linkes Satzklammerfeld, Mittelfeld, rechtes Satzklammerfeld, Nachfeld, Stellung von finiten und infiniten Verben, Satztyp, Grundwortstellung, Wortstellungsfaktoren im Mittelfeld, alt/bekannt – neu/unbekannt, Definitheit, Pronominalität, Belebtheit, Platzhalter-*es*, Vorfeld-*es*.

Weiterführende Literatur: Bierwisch (1963) argumentierte erstmals für die zugrundeliegende Position des Verbs am Satzende. Zu verschiedenen Varianten des topologischen Stellungsfeldermodells: Haftka (1993). Für eine generelle Vertiefung: Altmann und Hofmann (2004).

3. Form und Funktion: Wortarten und Satzglieder

Wir haben im ersten Kapitel einige wichtige Satzgliedfunktionen kennen gelernt – bzw. uns an sie erinnert, denn gewiss haben Sie diese Dinge früher schon einmal in der Schule gelernt. In diesem Kapitel wollen wir uns mit dem Problem befassen, dass Satzgliedfunktionen nicht immer mit der gleichen Gestalt verbunden sind: Eine bestimmte Satzgliedfunktion kann durch ganz unterschiedliche Wortarten und Wortgruppen realisiert werden.

Ein Subjekt beispielsweise kann durch ein kurzes Personalpronomen wie *sie* realisiert werden (1a), aber auch durch einen riesigen, komplizierten Ausdruck wie in (1b) – eine so genannte **Phrase**, die als **Kern** oder **Kopf** das Nomen *Katze* enthält

(1) a. Sie schlief.
 b. Die schöne, getigerte *Katze*, die lange Zeit verwildert war und von den Nachbarn im Hinterhof gefüttert worden war, bevor ich sie mit einer Gruppe von Studenten einfing und meiner Freundin Irene schenkte, die sie übrigens auf meinen Vorschlag hin auf den Namen „Kaline" taufte, schlief.

Andererseits können dummerweise haargenau dieselben Ausdrücke zum Beispiel auch als Akkusativobjekt verwendet werden:

(2) a. Ich mochte sie.
 b. Ich mochte die schöne, getigerte *Katze*, die lange Zeit verwildert war und von den Nachbarn im Hinterhof gefüttert worden war, bevor ich sie mit einer Gruppe von Studenten einfing und meiner Freundin Irene schenkte, die sie übrigens auf meinen Vorschlag hin auf den Namen „Kaline" taufte.

Wir müssen also höllisch aufpassen: Wir erkennen ein Subjekt oder Objekt nicht unbedingt an seiner äußeren Gestalt, sondern nur an seiner Funktion im Satz. Und diese Funktion erschließt sich uns erst, wenn wir den ganzen Satz anschauen und Fragen stellen wie „Wer oder was schlief?" oder „Wen oder was mochte ich?".

Dies gilt ebenso auch für andere Satzgliedfunktionen. Überlegen Sie einmal kurz, was für eine Satzgliedfunktion der Ausdruck *diesen Sonntag* hat. – Richtig, das kann man so nicht sagen. In (3a) tritt der Ausdruck als Temporaladverbial auf, in (3b) hingegen als Akkusativobjekt.

(3) a. Diesen Sonntag gehen wir ins Kino. – Wann gehen wir ins Kino? – Diesen Sonntag.
 b. Eva fand diesen Sonntag herrlich. – Wen oder was fand Eva herrlich? – Diesen Sonntag.

Es hilft also nichts. Wir müssen sorgfältig zwischen äußerer Form einerseits und Funktion andererseits unterscheiden. Um die **Form**-Seite in den Griff zu kriegen, klassifizieren wir Wörter in sogenannte Wortarten oder Wortkategorien und die dazu gehörenden Phrasen in sogenannte Phrasenkategorien. Das ist das Thema dieses Kapitels. Nun gibt es mehrere **Wortartenklassifikationen**, die im Großen und Ganzen zwar ähnlich sind, aber im Einzelnen dann doch einige Unterschiede aufweisen. Der Einfachheit halber werde ich mich auf die Klassifikation und Terminologie beziehen, die in der Duden-Grammatik (2005) verwendet wird. Dort können auch gut all die ergänzenden Einzelheiten nachgelesen werden, die beim besten Willen nicht in dieses handliche Buch passen.

3.1 Wortarten am Beispiel des Substantivs oder Nomens

Wortarten fassen Mengen von Wörtern zusammen, die gewisse Eigenschaften miteinander teilen. Die Eigenschaften, um die es dabei geht, können morphologisch sein, d. h. die Gestalt der Wörter selbst betreffen – zum Beispiel ob und wie sie flektiert, d. h. ausgehend von ihrem Wortstamm durch Konjugation (zum Beispiel wird *Lola renn-* zu *Lola rennt*) oder Deklination (zum Beispiel wird *schwarz- Katze* zu *schwarze Katze*) verändert werden. Andere wichtige Klassifikationseigenschaften sind syntaktisch, d. h. sie betreffen den Satzbau – zum Beispiel wo genau im Satz das betreffende Wort stehen kann oder muss und ob nach dem betreffenden Wort typischerweise Substantive bzw. Nomen – die beiden Begriffe sind gleichbedeutend – oder ganze Sätze stehen. Weiterhin kann für die Wortartenabgrenzung wichtig sein, was für Bedeutungseigenschaften ein Wort aufweist, d. h. ob es zum Beispiel Eigenschaften eines Gegenstands beschreibt, wie das Nomen *Buch*, oder Eigenschaften einer Tätigkeit, wie das Verb *wandern*, oder wie es sich in einem Text verhält, der mehr als einen Satz enthält.

Die Grundidee klingt glasklar: Eine Wortart X ist durch gewisse Eigenschaften A, B und C definiert. Ein Wort hat die Eigenschaften A, B und C. Also gehört dieses Wort zur Wortart X.

Leider ist es nicht immer so einfach. So hat ein Nomen typischerweise die folgenden morphologischen Eigenschaften: Es hat ein festgelegtes Genus (Maskulinum, Femininum oder Neutrum) und kann nach Kasus (Nominativ, Genitiv, Dativ oder Akkusativ) und Numerus (Singular oder Plural) dekliniert werden. Syntaktisch zeichnet es sich unter anderem dadurch aus, dass es mit einem vorangehenden Artikelwort kombiniert werden kann. Aber es gibt auch Nomen, die nicht ideal geartet sind.

Manche Nomen lösen notorisch Streit über ihr Genus aus. Heißt es *der*, *die* oder *das Nutella*? Mir ist niemand bekannt, der ernsthaft für *der Nutella* plädieren würde. Aber über die Frage, ob es *die*

Nutella oder *das Nutella* heißt, sollen schon ganze Beziehungen zu Bruch gegangen sein. Andere Nomen sind auf einen Numerus festgelegt, wie in *die Möbel der Eltern – das Möbel des Elters* klingt bestenfalls albern.

Wieder andere Nomen sind nicht gut mit einem Artikel zu kombinieren. Ob Sie *Der Franz hat die Angelika geküsst* akzeptabel finden, wird vor allem davon abhängen, woher Sie stammen. Die meisten Süddeutschen finden es in Ordnung, Eigennamen von Personen mit Artikeln zu kombinieren, die meisten Norddeutschen nicht. Und was halten Sie von *Das Wasser ist H$_2$O?* Vermutlich können Sie sich für diesen Satz nicht sonderlich erwärmen, *Wasser* ist hier mit Artikel kaum akzeptabel.

Wir sollten uns eine Wortart also nicht als schwarz-weiß klar abgegrenzte Menge vorstellen, sondern eher als eine Menge von Wörtern, die einen ideal gearteten Kernbereich hat. Bei Wörtern, die zum Kernbereich gehören, stimmt alles: Sie erfüllen jede typische Eigenschaft der Wortart; sie entsprechen dem Prototyp der Wortart. Andere Wörter jedoch sind weniger gute Kandidaten ihrer Wortart. Sie erfüllen nur ein paar der Eigenschaften, aber wichtige. Das ist so ähnlich wie bei der Klassifikation von Tieren: Der Pinguin ist ein ‚weniger guter' Vogel als der Spatz, weil er nicht fliegen kann und ein bisschen aussieht wie eine Robbe mit Schnabel; und der Wal ist ein ‚weniger gutes' Säugetier als eine Kuh, denn er hat kein Fell und schwimmt im Meer, anstatt sich auf der Wiese zu tummeln.

Wir werden im Folgenden die Wortarten kurz mit ihren typischen Eigenschaften betrachten.

3.2 Artikelwörter und Pronomen

Artikelwörter und Pronomen sind im Prinzip deklinierbar nach Kasus, Numerus und Genus, Pronomen darüber hinaus auch nach Person. Sie stehen in einem engen Zusammenhang und werden deshalb in der Duden-Grammatik auch im selben Kapitel behandelt. **Artikelwörter**, auch oft als Determinierer oder Determinative bezeichnet, sind dabei Begleiter zu Nomen. **Pronomen** sind hingegen Stellvertreter für Artikelwörter plus Nomen; ihre jeweilige genaue Bedeutung hängt von ihrem sprachlichen Kontext oder auch vom Situationskontext ab.

(4) a. [[$_{Artikelwort}$ Der][$_{Nomen}$ Teppich]] war gar nicht kratzig.
    b. [$_{Pronomen}$ Er] war gar nicht kratzig.

Die folgende Tabelle gibt eine kleine Übersicht über die Unterarten von Artikelwörtern und Pronomen und den Bereich, in dem sie das lexikalische Grundmaterial teilen. Ich habe hier vieles aus einer ausführlicheren Tabelle der Duden-Grammatik (2005: 259-261) entnommen.

(5)   Artikel und Pronomen

	Artikelwörter-Varianten	Pronomen-Varianten
Definiter Artikel	*der* Mond, *die* Sonne, *das* Haus	-
Indefiniter Artikel	*ein* Stift, *eine* Katze, *ein* Pferd	-
Personalpronomen	-	*ich, meiner, mir, mich, du, er, sie, es, wir, ihr, sie*
Reflexivpronomen	-	*mich, mir, dich, dir, uns, euch, sich*
Reziprokpronomen	-	*einander, sich*
Relativ	Sie will weggehen, mit *welcher* Absicht er nicht einverstanden ist.	Das ist die Uhr, *die/welche* sie mir gab. *Wer* Wind sät, wird Sturm ernten (= Derjenige, *der* Wind sät, wird Sturm ernten).
Demonstrativ	Es passierte an *dieser/jener/derselben* Ecke. Mit *dem* Kerl rede ich nicht mehr!	*Dies* ist eine gute Idee. Mit *dem* rede ich nicht mehr! *Diejenigen*, die kommen, kriegen Karten. Sie war noch ganz *dieselbe*.
Possessiv	Das ist *mein/dein/sein/unser/euer/ihr* Heft!	Das ist *meins*!
Interrogativ	*Welches/was für ein* Buch kaufst du?	*Wer/was* ist umgefallen? *Was* bist du *für einer*?
Indefinitum	Anna kommt mit *allen/einigen/irgendwelchen/mancherlei* Kollegen gut aus.	*Man* hat *etwas/nichts* gehört. *Jeder* kommt mit *wem* gut aus.

Es ist wichtig, sich klarzumachen, dass gerade der Bereich der Artikelwörter und Pronomen viel Anlass zu Verwechslungen gibt: Relativpronomen sehen so ähnlich aus wie Demonstrativpronomen oder Interrogativpronomen; Demonstrativartikelwörter und definiter Artikel weisen zum Teil dasselbe lexikalische Material auf; *sich* kann Reflexiv- oder Reziprokpronomen sein; Indefinitum-Artikelwörter wie *alle, einige* usw. werden unterschieden vom indefiniten Artikel *ein*.

Deswegen sollte man sich gewisse syntaktische und semantische Eigenheiten vor allem der Pronomen vor Augen halten: **Personal-**

pronomen bezeichnen Personen, Dinge oder Abstrakta in Abhängigkeit von sprachlichem oder nichtsprachlichem Kontext.

(6) a. Max hat große Hoffnungen. Er hat sie noch lange nicht aufgegeben.
     b. Schau, da kommt sie!

Reflexivpronomen können das im Prinzip auch tun (7a), können aber auch bei reflexiven Verben lediglich für die Grammatikalität eines Satzes notwendig sein, ohne selbst etwas zu bezeichnen (7b, c). Anders als Personalpronomen beziehen sie sich fast immer – entweder wirklich (7a) oder nur grammatisch-abstrakt (7b, c) (siehe dazu auch Abschnitt 5.3) – auf ein Element im eigenen Satz zurück, gewöhnlich auf das Subjekt. Es ist aber auch möglich, dass sie sich auf ein Objekt beziehen (7d). Und manchmal, in bestimmten Konstruktionen, haben sie gar kein Bezugswort in ihrem Satz (7e).

(7) a. Max rasiert sich. = Max rasiert Max.
     b. Max schämt sich. ≠ Max schämt Max.
     c. Ich schäme mich.
     d. Seine Freunde hatten Max von sich überzeugt.
     e. Sich zu rasieren ist wieder in.

Reziprokpronomen sind Reflexivpronomen ähnlich, insofern als sie sich auf ein Element im eigenen Satz zurückbeziehen. Allerdings implizieren sie im Gegensatz zum Reflexivpronomen (8b) einen gegenseitigen Bezug zwischen mehreren Entitäten (8a).

(8) a. Max und Moritz rasieren einander. = Max rasiert Moritz und Moritz rasiert Max.
     b. Max und Moritz rasieren sich. = Max rasiert Max und Moritz rasiert Moritz. (Achtung: *Sich* kann auch ein Reziprokpronomen sein und hat dann eine Lesart wie (8a)!)

Relativpronomen stehen immer in einem Relativsatz, also einem Nebensatz, und verknüpfen diesen mit seinem übergeordneten Bezugsnomen. Sie sind im Relativsatz entweder das am weitesten links stehende Satzglied (9a) oder ein Teil davon (9b).

(9) a. Moritz wandert zu dem Turm, *den* er seit Ostern besteigen wollte.
     b. Moritz wandert zu dem Turm, auf *den* er seit Ostern steigen wollte.

In (9a) realisiert das Relativpronomen *den* das Akkusativobjekt des Relativsatzes, in (9b) ist es Teil des Lokaladverbials *auf den*.

Demonstrative können entweder im Text vor- oder zurückverweisen oder aber zum Verweisen auf Personen oder Sachen in der Welt verwendet werden. **Possessive** drücken Besitz- und andere Zugehörigkeitsverhältnisse aus. **Interrogative** können fragende Haupt- oder Nebensätze einleiten und stehen normalerweise am Satzanfang im Vorfeld; in Mehrfachfragen wie *Wann hat wer dies* *wo zu wem gesagt?* können sie auch im Satzinneren auftreten. **Indefinita** werden verwendet, wenn etwas nicht genau identifiziert wird, wobei hiermit sowohl die Identität im engeren Sinne (*man, einige*) gemeint sein kann, als auch die Quantitätsverhältnisse einer Menge (*manche, einige*). Begrifflich herausgehoben wird der **unbestimmte** oder **indefinite Artikel** *ein/eine/ein*. Er wird oft dem **bestimmten** oder **definiten Artikel** gegenübergestellt.

Wie oben schon gesagt, sind Artikelwörter und Pronomen im Prinzip deklinierbar nach Kasus, Numerus und Genus, Pronomen darüber hinaus auch nach Person. Allerdings gibt es ein paar Einschränkungen. So unterliegen *wer* und *was* keinen Numerus-Veränderungen; *jemand, niemand, etwas* und *nichts* haben ein festes Genus; und das Reziprokpronomen *einander* und die Indefinitpronomen *etwas* und *nichts* verändern sich gar nicht.

Aufgabe 1: Diskutieren Sie, ob es sich bei den groß geschriebenen Wörtern in den folgenden Sätzen um Nomen handelt.
a. *Alec liebt STACHELSCHWEINE.* b. *Ich finde, ARBEITEN kann durchaus Spaß bringen.* c. *Wolfgang lernt TANZEN.*
Aufgabe 2: Was für Artikel- und Pronomen-Arten können Sie in dem folgenden Text identifizieren?
Einmal lebte ein süßes Mädchen, genannt Luise, die hatte jeder lieb, der sie nur ansah, am allerliebsten aber ihre Großmutter. Die schenkte ihm ein rotes Käppi mit einem rosa Pompom, welche Kopfbedeckung natürlich völlig indiskutabel war. Unsere Protagonistin schämte sich und trug das Käppi nur gelegentlich, um ihrer Oma einen Gefallen zu tun, denn sie mochten einander sehr. An manchen Tagen sollte dieses Mädchen zu seiner Großmutter in den Wald gehen, um ihr etwas zu bringen. An jenem Tag, von welchem man heute noch oft erzählen hört, waren es mehrere Flaschen Wein und etliche belegte Brötchen. Kurz hinter der dritten Bank begegnete ihr ein Wolf. Sie starrten sich erschrocken an. Als der Wolf ihr ihren Korb aus den Händen riss, brüllte Luise: „Du spinnst wohl! Das ist meiner! Was denkst du dir eigentlich!?" Da sprach der Wolf: „Ach, ich habe solchen Hunger! Hast du nicht wenigstens ein Brötchen für mich?" Das Mädchen dachte nach und meinte dann: „Okay, wenn du meine Mütze stiehlst, gebe ich dir ein Brötchen! Welche Sorte hättest du denn gerne?" Dem Wolf kam dies zwar reichlich eigenartig vor, aber weil sein Hunger so groß war, willigte er ein, wählte ein Salami-Brötchen aus und ging seiner Wege. Und Luise lief fröhlich weiter, um der Großmutter alles zu berichten.
Aufgabe 3: Die Tabelle oben enthält kein Pronomen-Gegenstück zum indefiniten Artikel. Ist es plausibel, *einer/eine/eines* in dieser Tabellenzelle als Indefinit-Pronomen anzusetzen? (Die Idee, dies zu diskutieren, stammt von Nadja Hekal.)

3.3 Verben

Verben erkennt man daran, dass sie konjugierbar sind. Sie können also **infinite Verbformen** bilden (den Infinitiv wie *(zu) lesen* und die Partizipien I und II wie *gelesen* und *lesend*) oder **finite**, die dann Merkmale für Person, Numerus, Tempus (Präsens, Präteritum) und Modus (Indikativ, Konjunktiv) tragen wie *liest* oder *las*.

Dabei unterscheidet man noch ein paar wichtige Unterarten von Verben: **Kopulaverben** verlangen als Ergänzung ein Prädikativ (*Max ist/wird/bleibt ein Zauberer*). **Vollverben** (auch **Hauptverben** genannt) können ohne eine weitere Verbform auftreten (*Max verhext Moritz*); Kopulaverben, für die dies auch gilt, werden allerdings nicht zu den Vollverben gezählt. **Hilfsverben** ergänzen andere Verben, um Verbformen mit gewissen Tempora, Modi oder Genera verbi (d. h. Aktiv oder Passiv) zu bilden (*Max hat Moritz verhext. Max würde Moritz verhexen. Moritz wurde von Max verhext.*). **Modalverben** ergänzen ebenfalls andere Verben, drücken aber Möglichkeiten, Fähigkeiten, Wünsche oder ähnliches aus (*Max muss Moritz verhext haben. Max kann/will zaubern.*).

Bei der Unterscheidung der Unterarten von Verben muss man etwas aufpassen, weil ein paar Verben in mehreren Kategorien auftauchen. So kommen *sein* und *werden* als Kopulaverb vor, aber auch als Hilfsverb.

An ihrer Konjugierbarkeit sind Verben eigentlich leicht zu erkennen. Verben können allerdings in andere Wortarten übertreten. In (10b) ist das Verb *lachen* substantiviert, also ein Nomen; dementsprechend wird es auch groß geschrieben. Das kann man dann nur an ihrer Verwendungsweise und ihrem syntaktischen Kontext erkennen.

(10) a. Ortrun kann sehr laut lachen.
 b. Das Lachen ist ihm vergangen.

In (10b) gibt uns das Artikelwort *das* den entscheidenden Hinweis: Es muss sich hier um ein Nomen handeln.

Aufgabe 4: Bestimmen Sie die Verben in den folgenden Sätzen danach, ob es sich um Vollverben, Hilfsverben, Kopulaverben oder Modalverben handelt.
a. *Die Personalchefin wird ungeduldig.* b. *Die Direktorin wollte den Pinguin häufiger besuchen.* c. *Der Schnee ist gestern gefallen.* d. *Das Faultier wird irgendwann aufgewacht sein.* e. *Der Pinguin sollte gefüttert werden.* f. *Die Tagung ist morgen.* g. *Das Stachelschwein haben wir nicht gefunden.* h. *Das Faultier wird geweckt.* i. *Das Faultier ist geweckt.* j. *Der Pinguin hat einen Fisch.* k. *Der Pinguin bleibt im Wasser.*

3.4 Präpositionen und Junktionen

Präpositionen können im Gegensatz zu den bisher angesprochenen Wortarten nicht flektiert werden. Syntaktisch zeichnen sie sich dadurch aus, dass sie nicht für sich genommen ein Satzglied bilden können. Natürlich können sie aber Teil eines Satzglieds sein, zum Beispiel eines Präpositionalobjekts oder einer adverbialen Bestimmung. Meistens – aber nicht immer – treten sie zusammen mit einem Nomen auf, das oft durch einen Artikel ergänzt wird (vgl. *nach der Schule/nach Hamburg*, aber auch *nach rechts*). Der Artikel kann zudem mit der Präposition verschmelzen (*zum Bahnhof, im Museum*). Bei fast allen Präpositionen des Deutschen steht das Nomen nach der Präposition. Dazu gibt es allerdings ein paar Ausnahmen, die dann streng genommen auch **Postpositionen** (*der Aufgaben wegen*) bzw. **Zirkumpositionen** (*um des Friedens willen*) genannt werden müssten.

Manche Präpositionen kann man nicht gut erkennen, weil sie aus mehreren Wörtern oder wortähnlichen Gebilden entstanden sind. Beispiele dafür sind *aufgrund*, *anstelle* und *mithilfe*. Sie verursachen aufgrund ihres unklaren Wortcharakters denn auch notorisch Probleme bei der Getrennt- und Zusammenschreibung. In solchen Präpositionen ist typischerweise eine Präposition und ein Nomen oder nomenähnliches Gebilde enthalten – das verursacht zusätzliche Rechtschreibprobleme in Bezug auf die Groß- und Kleinschreibung.

Trotz dieser Probleme, die auch in orthographische Probleme münden, gibt es eine recht zuverlässige Möglichkeit, Präpositionen zu erkennen. Sie haben nämlich die besondere Eigenschaft, dass sie den Kasus eines nachfolgenden Nomens bestimmen oder, wie der Sprachwissenschaftler sagt, regieren. *Wegen*, *trotz* und *aufgrund* beispielsweise verlangen den Genitiv, *durch* den Akkusativ, *seit* den Dativ. Manche allerdings können dabei zwischen mehreren Kasus wechseln. *Entlang* beispielsweise kommt mit Akkusativ vor in *Luise ging den ganzen Fluss entlang*, mit Dativ oder Genitiv in *Entlang dem Fluss/des Flusses wuchsen Weidenbäume*.

Auch **Junktionen** sind nicht flektierbar und können für sich kein Satzglied bilden. Man unterscheidet verschiedene Arten von Junktionen: Konjunktionen, Subjunktionen und Satzteiljunktionen.

Konjunktionen wie *und*, *oder* oder das zweiteilige *weder ... noch*, oftmals als koordinierende Konjunktionen bezeichnet, verknüpfen gleichartige Satzteile und Teilsätze und sind nebenordnend.

Subjunktionen wie *dass*, *nachdem* oder *weil*, die oft auch als subordinierende Konjunktionen bezeichnet werden, leiten untergeordnete Nebensätze ein und verbinden sie grammatisch und oftmals auch inhaltlich mit dem übergeordneten Satz. Weil sie eine solche Verbindungsfunktion zwischen übergeordnetem Satz und Nebensatz haben, haben sie weder in dem einen noch in dem anderen eine Satzgliedfunktion. Sie sehen Präpositionen manchmal zum Verwechseln ähnlich. Dann sollte man danach Ausschau halten, womit sie sich verbinden. Ist es ein Nomen, so haben wir eine Präposition vorliegen (*Seit ihrem Geburtstag ist sie glücklich*). Ist es ein Nebensatz, so handelt es sich um eine Subjunktion (*Seit sie Geburtstag hatte, ist sie glücklich*).

Satzteiljunktionen können beispielsweise vergleichende und verglichene Elemente miteinander verbinden (*Hans ist so groß wie Grete*), oder sie liefern zusätzliche Informationen oder Beschreibungen (*Hans als Optimist ist unverwüstlich*). Sie werden, weil sie kurz sind und oft vor Nomen stehen, leicht mit Präpositionen verwechselt. Im Gegensatz zu diesen regieren sie aber keine Kasus, sondern übertragen gewissermaßen den Kasus eines Bezugsnomens auf ein Nomen, das sie ergänzt. In *Hans als Optimist* beispielsweise steht das Bezugsnomen *Hans* im Nominativ. Dieser Kasus wird hier auf *Optimist* übertragen.

Ich möchte diesen Abschnitt mit ein paar Anmerkungen zum **Infinitiv-*zu***, wie in *um dies zu illustrieren*, beschließen. Der Grund dafür ist, dass das Infinitiv-*zu* vor allem in älteren Grammatiken gewöhnlich als sogenannte Infinitivkonjunktion klassifiziert wurde, womit eine subordinierende, also Subjunktion gemeint war (Duden-Grammatik, 5. Auflage (1995), ähnlich bei Helbig und Buscha (2001) oder Engel (1996)). Dies war insofern vernünftig, als es der Tatsache Rechnung trug, dass der ***zu*-Infinitiv** grundsätzlich in eingebetteten Konstruktionen auftritt. Allerdings war daran unschön, dass die angebliche Subjunktion *zu* sich syntaktisch ganz anders verhält als ‚ordentliche' Subjunktionen. Das Infinitiv-*zu* denkt nämlich gar nicht daran, in der linken Satzklammer zu stehen. Altmann und Hahnemann (2005) beispielsweise verwenden – ich nehme an, deshalb – den Begriff „Infinitivpartikel"; das beinhaltet zumindest keine Assoziation mit der linken Satzklammer. Andere Grammatiken gehen nun noch einen Schritt weiter und sprechen von einem **„vorangestellten Flexionselement"** (Duden-Grammatik (2005: 446)) oder von einem **Infinitivpräfix** (Zifonun et al. (1997: 2159), ähnlich Eisenberg (2006: 101)). Sie berücksichtigen damit die Tatsache, dass das Infinitiv-*zu* sich nicht von seinem Verb trennen lässt und also offenbar eine sehr, sehr enge Beziehung mit dem Verb eingeht.

Aufgabe 5: Handelt es sich bei den fettgedruckten Wörtern jeweils um Subjunktionen, Konjunktionen, Satzteilkonjunktionen oder Präpositionen?
a. *Hans behauptete,* **seit** *den Feiertagen gelernt zu haben.*
b. *Das Faultier schlief,* **seit** *die Feiertage begonnen hatten.*
c. *Eva schlief,* **bis** *Kaline auf das Bett sprang.*
d. *Das Faultier schlief* **bis** *zu den Sommerferien.*
e. **Während** *Eva Ferien hatte, ging sie oft ins Schwimmbad.*
f. **Während** *der Ferien ging Eva oft ins Schwimmbad.*
g. *Peter* **als** *unserem besten Tischtennisspieler gelingt alles.*
h. *Peter gelang alles,* **als** *er das Training absolviert hatte.*
i. *Markus spielt heute nicht Badminton,* **aber** *Ralf ist für ihn eingesprungen.*
j. *Markus spielt heute nicht Badminton,* **sondern** *er geht in die Sauna.*

3.5 Adjektive und Adverbien

Adjektive können zwischen einem Artikelwort und einem Nomen stehen und sind im Allgemeinen **deklinierbar**, und zwar nach Kasus, Numerus und Genus.

Das heißt allerdings nicht, dass sie immer dekliniert sein müssen. Ob sie es bei einem konkreten Vorkommen sind oder nicht, hängt davon ab, wie sie gerade verwendet werden – bei manchen Funktionen im Satz sind sie es nicht.

(11) a. der *schnelle* Planet
 b. Der Planet ist *schnell*.
 c. Der Planet rast *schnell* um die Sonne.

In (11a) sehen wir das Adjektiv *schnell* in der Funktion eines Adjektivattributs. In dieser Funktion wird es dekliniert und nimmt hier die Endung *–e* an, weil es in Kasus, Numerus und Genus mit dem zugehörigen Nomen *Planet* kongruiert, d. h. in diesen Merkmalen mit ihm übereinstimmt. In (11b) tritt *schnell* als Prädikativ auf und wird hier nicht dekliniert. Auch in (11c) wird *schnell* nicht dekliniert. Hier hat es die Funktion eines Modaladverbials.

Darüber hinaus können Adjektive im Allgemeinen auch gesteigert oder kompariert werden. Das bedeutet, dass sie neben der ‚normalen' Positiv-Form (zum Beispiel *schnell*) auch eine Komparativ-Form (*schneller*) und eine Superlativ-Form (*schnellst*) bilden können. Dazu zählen auch Formen, die aus morphologisch anderen Stämmen gebildet werden wie in *gut – besser – am besten*. Unser

Weltwissen verbietet uns allerdings manchmal das Komparieren: Außer im übertragenden Sinne kann man beispielsweise kaum sagen, dass jemand töter oder toter ist als jemand anders. Das liegt aber im Grunde nicht direkt an dem Adjektiv *tot*, sondern vielmehr an der davon bezeichneten Eigenschaft, die absolut ist und nicht graduell.

Adverbien können nicht flektiert werden. Zwar können manche wohl kompariert werden, aber sie können nicht nach Kasus, Numerus und Genus dekliniert werden. Das kann man schön sehen, wenn man ein Adverb wie *dort* als Attribut zu einem Nomen verwendet, wie in (12a). Es hat keine Kongruenzendung, egal wo und in welcher Konstruktion es auftritt, und steht zudem im Gegensatz zum Adjektiv als Attribut hinter dem Nomen.

(12) a. der Planet *dort*
 b. Der Planet ist *dort*.
 c. Der Planet rast *dort* um die Sonne.

In (12b) wird *dort* übrigens als Prädikativ verwendet, in (12c) als Lokaladverbial. Das Adverb *dort* hat also im Prinzip die gleichen Funktionsmöglichkeiten im Satz wie das Adjektiv *schnell*.

Adverbien und Adjektive werden oft durcheinandergebracht. Besonders häufig werden Adjektive irrtümlich als Adverbien klassifiziert. Dafür gibt es mehrere Ursachen. Erstens fängt natürlich beides mit *Ad-* an. Zweitens – und das ist wohl das Verwirrendere – klingt „Adverb" auch noch so ähnlich wie „Adverbial". Das verwirrt deshalb, weil Adjektive manchmal als Adverbiale verwendet werden können. Der Irrtum ist dann, dass ein adverbial verwendetes Adjektiv ganz fix das Etikett „Adverb" bekommt, obwohl es im Prinzip ein flektierbares Wort ist; das wird aber bei solchen Irrtümern übersehen.

Es ist sehr wichtig, dass Sie sich spätestens an dieser Stelle noch einmal klar machen, dass wir es hier mit zwei völlig verschiedenen Ebenen zu tun haben. Wortarten sind nicht Satzglieder, und Satzglieder sind nicht Wortarten! Wir können weder von der Wortart zwingend auf die Satzgliedfunktion schließen, noch von der Satzgliedfunktion zwingend auf die Wortart. Form und Funktion müssen also unterschieden werden.

Hier noch eine kleine Warnung: Leider trennen Grammatiken Adverbien und Adjektive nicht immer so sauber voneinander, wie man es könnte. Manche Grammatiken bezeichnen Adjektive, die als Adverbiale fungieren, als Adverbien bzw. als ‚Adjektivadverbien', so Helbig und Buscha (2001). Das liegt daran, dass Adjektive und Adverbien in dieser Grammatik nicht nach morphologischen, sondern nach syntaktischen Gesichtspunkten klassifiziert werden. Man sollte sich davon nicht verwirren lassen.

Nützlich ist außerdem, sich einige spezielle Unterarten von Adverbien etwas genauer anzusehen. Eine solche Unterart sind zum Beispiel die **phorisch-deiktischen Adverbien** wie *hier*, *dort* oder *damals*. Ihre genaue Bedeutung lässt sich nicht absolut beschreiben. Vielmehr hängt sie entweder vom Situationskontext ab (deiktisch: *hier*) oder von der Erwähnung einer Bezugsgröße im umgebenden Textkontext (phorisch: *damals*).

(13) a. *Hier* ist es schön.
 b. Vor zwei Jahren haben wir uns kennengelernt. *Damals* verstanden wir uns gut.

Absolute Adverbien dagegen haben stets dieselbe Bedeutung. Sie verändert sich nicht je nach Kontext. Dies lässt sich beobachten bei *kopfüber*, *unterwegs* oder *überall*.

Kommentaradverbien drücken immer eine Einschätzung oder Einstellung des Sprechers oder Schreibers zum restlichen Satzinhalt aus.

(14) a. *Leider* ist das Puddingpulver alle.
 b. *Gewiss* hat Luise den Termin vergessen.
 c. *Glücklicherweise* ist der Akkreditierungsantrag fertig.

Sie werden übrigens in der Grammatik von Helbig und Buscha (2001) nicht den Adverbien zugeordnet, sondern als besondere Wortart der Modalwörter beschrieben.

Konjunktionaladverbien haben eine besondere Textfunktion. Sie können so etwas wie eine inhaltliche Verbindung zwischen syntaktisch gleichwertigen Sätzen schaffen und ähneln insofern Konjunktionen und Subjunktionen.

(15) a. Harald ist müde. *Trotzdem* schreibt er den Antrag.
 b. Günther schreibt nichts. *Außerdem* ist er nicht da.

Allerdings unterscheiden sie sich insofern wesentlich von Konjunktionen und Subjunktionen, als sie an verschiedenen Stellen im Satz auftreten können: im Vorfeld oder im Mittelfeld. Satzverbindende Konjunktionen (wie *aber*, das allerdings auch als Konjunktionaladverb auftreten kann, siehe (26)) hingegen können nur vor dem Vorfeld, also im Vor-Vorfeld, auftreten, Subjunktionen (wie *obwohl*) nur in der linken Satzklammer.

(16) Stellung von Konjunktionaladverbien, Konjunktionen und Subjunktionen

Vor-Vorfeld	Vorfeld	LSK	Mittelfeld	RSK	Nachfeld
	Trotzdem	schreibt	er den Antrag.		
	Er	schreibt	den Antrag trotzdem.		
Aber	er	schreibt	den Antrag.		
		Obwohl	Harald müde	ist,	

Drei weitere Unterarten von Adverbien sind an ihrer rein äußerlichen Gestalt gut erkennbar: **Präpositionaladverbien**, die oft auch **Pronominaladverbien** genannt werden, bestehen aus *da(r)-, hier-* oder *wo(r)-* als erstem Bestandteil und einer Präposition als zweitem Bestandteil. Beispiele dafür sind *damit, darin, hierzu, wodurch* und *worunter*.

Interrogativadverbien und Relativadverbien schließlich sind wieder etwas schwieriger voneinander zu unterscheiden. Beide beginnen mit einem „W". Sie treten aber an unterschiedlichen Stellen in Sätzen auf, d. h. sie sind durch syntaktische Kriterien, aber auch durch semantische Kriterien zu unterscheiden: **Interrogativadverbien** leiten Fragen ein, die eingebettet oder nicht-eingebettet sein können.

(17) a. *Wo* ist Rolf?
 b. *Wie* kam es zu dem Streit?
 c. *Warum* passiert so ein Blödsinn?

Relativadverbien hingegen leiten Relativsätze ein und haben im einbettenden Satz ein Bezugswort.

(18) a. Die Stelle, *wo* der Mord geschah, wurde gekennzeichnet.
 b. Die Art, *wie* der Streit entstand, war albern.
 c. Die Gründe, *warum* so ein Blödsinn passiert, sind mir schleierhaft.

Insgesamt stellen die Adverbien also eine einigermaßen große Gruppe von Wörtern dar. Wie ich oben gesagt hatte, werden sie manchmal mit Adjektiven verwechselt. Die andere Wortart, mit der sie leicht verwechselt werden können, sind die Partikeln. Ihnen wenden wir uns im nächsten Abschnitt zu.

Aufgabe 6: Handelt es sich bei den folgenden Wörtern um Adjektive oder Adverbien?
a. *heute*, b. *heutig*, c. *oft*, d. *lieb*, e. *vielleicht*, f. *wahrscheinlich*, g. *leider*, h. *selten*, i. *ganz*, j. *sicher*, k. *sicherlich*

Aufgabe 7: Versuchen Sie, mithilfe von selbst konstruierten passenden Beispielsätzen und einer Stellungsfelderanalyse herauszufinden, ob die folgenden Wörter jeweils Konjunktionen, Subjunktionen oder Konjunktionaladverbien sind.
a. *denn*, b. *doch*, c. *nachdem*, d. *aber*

Aufgabe 8: *Wie* kann ein Interrogativadverb sein, ein Relativadverb, eine Subjunktion oder eine Satzteilkonjunktion. Wo ist es was?
a. *Die Art, wie Wolfgang Pfannkuchen backt, ist sensationell.*
b. *Die Pfannkuchen sind so blass wie Schäfchenwolken.*
c. *Darf ich fragen, wie du Pfannkuchen backst?*
d. *Der Pfannkuchen ist doppelt so groß, wie die Pfanne ist.*

3.6 Partikeln

Die sogenannten **Partikeln** stellen eine weitere Quelle der Verwirrung dar. Das liegt zum einen daran, dass es für diesen Begriff mindestens zwei Hauptverwendungsweisen gibt. Manche meinen damit grundsätzlich alle unflektierbaren Wortarten, also Adverbien, Junktionen, Präpositionen und möglicherweise noch weitere Wortarten. Andere meinen damit Adverbien, Junktionen und Präpositionen gerade nicht und erfassen stattdessen unter dem Begriff alle anderen unflektierbaren Wörter. Das ist die Begriffsverwendung, die ich in diesem Buch zugrundelege. Sie ist in gewisser Weise sehr praktisch, denn sie gibt uns so etwas wie einen großen Papierkorb: Fast alles, was man nicht anders einordnen kann, ist eine Partikel!

Und damit komme ich zu der anderen Hauptursache dafür, weshalb Partikeln verwirrend sind: Sie „erfüllen ganz unterschiedliche Funktionen" (Duden-Grammatik (2005: 594)) und werden dementsprechend in mehrere Subklassen unterteilt.

Grad- oder **Intensitätspartikeln** geben Auskunft über die Intensität oder den Grad von Eigenschaften. Dabei beziehen sie sich oft auf Adjektive (19a). Sie können sich aber durchaus auch auf Adverbien (19b) oder Verben (19d) beziehen.

(19) a. Das Zimmer ist *ziemlich* unordentlich.
 b. Sie besucht uns *sehr* oft.
 c. Er hat sich *so* gefreut.

Besonders interessant und nicht immer auf den ersten Blick zu erkennen sind Gradpartikeln, die aus Adjektiven abgeleitet sind:

(20) a. Das ist *echt* lustig.
 b. Wir haben uns *irre* amüsiert.
 c. Bleib *schön* ruhig.

Fokuspartikeln heben bestimmte Teile eines Satzes hervor, setzen Alternativen zu diesem Teil voraus und heben aus diesen Möglichkeiten eine hervor, schließen andere Möglichkeiten aus oder ein:

(21) a. Luise hat *nur* ein Reh im Wald gesehen (aber keinen Hasen).
 b. *Selbst* Max hat Activity gespielt (nicht nur die anderen).

    c. Lena hat *sogar* diskutiert (nicht nur dabeigesessen).

Dabei arbeiten sie meist mit dem Hauptakzent im Satz zusammen, um ihren Bezugsbereich festzulegen. Das lässt sich schön zeigen, wenn man Satz (21a) mit unterschiedlichen Akzenten – sie werden hier durch Kapitälchen markiert – ausprobiert.

(22) a. Luise hat *nur* EIN Reh im Wald gesehen (nicht zwei oder drei).
      b. Luise hat *nur* ein REH im Wald gesehen (aber keinen Hasen).
      c. Luise hat *nur* ein Reh IM Wald gesehen (aber nicht vor dem Wald).
      d. Luise hat *nur* ein Reh im WALD gesehen (aber nicht auf der Wiese).
      e. Luise hat *nur* ein Reh im Wald geSEhen (aber nicht fotografiert).

Wie Sie sehen, gehen mit den unterschiedlich platzierten Akzenten jeweils unterschiedliche Kontrastmöglichkeiten einher.

    Negationspartikeln verneinen einen Satz und können sich dabei – ähnlich wie Fokuspartikeln – entweder auf den Satz als ganzes (23a) oder auf einen Teil des Satzes (23b, c) beziehen. Im letztgenannten Fall legen sie Alternativen nahe.

(23) a. Hänsel hat die Hexe *nicht* in den Ofen geschubst.
      b. Hänsel hat die Hexe *nicht* in den OFEN geschubst (aber in den Schrank).
      c. *Nicht* HÄNsel hat die Hexe in den Ofen geschubst (sondern Gretel).

Abtönungs- oder **Modalpartikeln** können einer Äußerung eine besondere ‚Tönung' verleihen – was auch immer das genau heißen soll. So können diese Partikeln Signale darüber geben, was für eine subjektive Einstellung der Sprecher zu dem im Rest des Satzes geäußerten Sachverhalt hat – ob er beispielsweise den Wahrheitsgehalt abschwächen (24a) oder aber besonders betonen will (24b). Oder sie drücken beispielsweise aus, dass der Sprecher ein gemeinsames Vorwissen seiner selbst und des Hörers voraussetzt (24c).

(24) a. Das Buch ist *schon* gut (aber etwas langweilig).
      b. Der Typ ist *vielleicht* arrogant (mehr, als man für möglich halten würde)!
      c. Der Kodiakbär ist *ja* (bekanntlich) der größte Bär, den es gibt.

Es gibt hier eine Vielzahl von Möglichkeiten und es ist nicht immer ganz einfach, sich darüber klar zu werden, welchen Effekt genau eine bestimmte Abtönungspartikel in einer bestimmten Äußerung auslöst.

    Gesprächspartikeln steuern den Ablauf von Dialogen und leisten hier so ziemlich alles, was man sich vorstellen kann. So kann ein Hörer mit *Hm, Ja* und *Mhm* signalisieren, dass er zuhört (auch wenn er das in Wirklichkeit gar nicht tut), oder er kann mit *Hm?* oder *Bitte?* Rückfragen an den Sprecher signalisieren. Mit *Also, ...*

kann ein Sprecher seinen Gesprächsbeitrag einleiten, mit ..., *nicht wahr?* kann er ihn beenden und den Hörer zu einem Gesprächsbeitrag auffordern. Die Duden-Grammatik zählt außerdem **Satzäquivalente** dazu, d. h. Partikeln, die von ihrer Bedeutung oder Funktion her für einen ganzen Satz stehen. Dazu gehören Antworten auf Entscheidungsfragen wie *ja, nein* oder *doch*, aber auch Grüße, Zurufe, Flüche oder Gebote, denn ein Ausdruck wie *Guten Tag* bedeutet so viel wie „Ich wünsche dir einen guten Tag".

Interjektionen drücken unmittelbar Emotionen wie Erstaunen (*Oh!*), verwunderten Schrecken (*Huch!*), Ekel (*Iiih!*), Freude (*Oh!*) oder Schmerz (*Au!*) aus.

Onomatopoetika schließlich imitieren – mehr oder weniger treffend – Geräusche. Beispiele dafür sind *doing, boing, kikeriki, bumm* usw.

Leider sind Partikeln oft mehrdeutig (man sagt auch **ambig**), was es natürlich erschwert, sie zu identifizieren. Sie können häufig innerhalb der Wortart Partikel mehrere unterschiedliche Funktionen haben. Und zu einigen gibt es gleichlautende Konjunktionen oder Adverbien. Hier sind ein paar Beispiele, die dies verdeutlichen sollen:

(25) a. Negationspartikel: Max kommt *nicht*.
     b. Abtönungspartikel: Ist das *nicht* toll?

(26) a. Konjunktion: Max hat die Birnen gesalzen, *aber* das ist eher lecker als furchtbar.
     b. Konjunktionaladverb: Max hat die Birnen gesalzen, das ist *aber* eher lecker als furchtbar.
     c. Abtönungspartikel: Ist das *aber* lecker!

(27) a. Adverb (mit temporaler Bedeutung): Max kommt *schon* jetzt.
     b. Abtönungspartikel: Du wirst sehen, Max wird *schon* kommen.

(28) a. Antwortpartikel: Kommt Max? – *Ja*.
     b. Abtönungspartikel: Bleib ganz ruhig, Max kommt *ja* gleich.

Partikeln können also nur dann richtig klassifiziert werden, wenn man sich genau anschaut, welche Funktion sie in ihrem Satz haben.

Angesichts der Daten oben haben Sie sich sicher schon gefragt, wie sich denn nun eigentlich Partikeln und Adverbien voneinander unterscheiden lassen. Die Klassifikation ist tatsächlich nicht ganz klar. Das zeigt sich darin, dass es nicht immer einfach ist, konkrete Wortvorkommen der einen oder der anderen Klasse zuzuordnen. Das gilt zum Beispiel für *schon* und *noch*. Manchmal wird gesagt, Adverbien seien vorfeldfähig, Partikeln aber nicht, da sie entweder außerhalb des Satzgliedverbandes stehen (dazu später mehr) oder aber als Teil von Satzgliedern auftreten. Das stimmt so jedoch wohl nicht, wie die folgenden Beispiele zeigen.

(29) a. *Auch* hat MaRIa sich gefreut.
 b. *WOHL* hat er sich gefreut!

Aber vielleicht lässt sich argumentieren, dass es sich hier eben gerade nicht um Partikeln handelt, sondern um Adverbien. Allerdings ist zumindest mir nicht klar, wie man dann den Bedeutungs- oder Funktionsunterschied zwischen beiden beschreiben soll. Vielleicht ist es deshalb durchaus sinnvoll, (einige) Partikeln als Adverbien zu bezeichnen, wie es manche Grammatiken tun. Man sieht: Die Angelegenheit ist komplex.

Ein weiteres Wort der Warnung: Gerade innerhalb der Klasse der Partikeln geht es terminologisch zum Teil heiß her. So wird *sogar* in der Duden-Grammatik (2005) als Fokuspartikel klassifiziert, bei Helbig und Buscha (2001: 422), Engel (1996: 765) und bei Zifonun et al. (1997: 57) fällt in dem Zusammenhang auch der Begriff ‚Gradpartikel'. Man muss also einmal mehr höllisch aufpassen – und wenn man glaubt, nichts mehr zu verstehen, kann das einfach daran liegen, dass man eine andere Grammatik aufgeschlagen hat.

Übrigens, zum Schluss: Es heißt wirklich „die Partikel", auch wenn es „der Artikel" heißt; und der Plural lautet „die Partikeln"!

Aufgabe 9: Versuchen Sie, für die Sätze (25) – (28) jeweils exakt anzugeben, was genau der Bedeutungsbeitrag der Abtönungspartikeln zu ihrem Satz ist.

3.7 Kleiner Überblick

Wir beschließen diesen Durchgang durch die Wortarten mit einer kleinen Übersicht über die Hierarchie der wichtigsten Kriterien der Wortartenklassifikation geben, wie sie oben dargestellt wurden:

Flektierbar
    Konjugierbar: Verb
    Deklinierbar
        Festes Genus: Nomen/Substantiv
        Variables Genus
            Möglich zw. Artikel u. Nomen, meist komparierbar: Adjektiv
            Nicht möglich zw. Artikel u. Nomen, nicht komparierbar
                Begleiter eines Nomens/Substantivs: Artikelwort
                Stellvertreter: Pronomen

Nicht flektierbar
　Vorfeldfähig: Adverb
　Nicht vorfeldfähig
　　Kasusregierend: Präposition
　　Nicht kasusregierend
　　　Verbindende Funktion
　　　　Verbindung gleichwertiger Ausdrücke
　　　　　Vergleichende Bedeutung: Satzteiljunktion
　　　　　Keine vergleichende Bedeutung: Konjunktion
　　　　Verbindung ungleichwertiger Ausdrücke: Subjunktion
　　　Keine verbindende Funktion: Partikel

Aufgabe 10: Bestimmen Sie die Wortarten in dem Satz *Oha, sogar du glaubst ja wahrscheinlich trotzdem noch, dass Hans als unser Sonnenfanatiker des sehr schönen Wetters wegen schnell zu allen Freunden zu radeln beabsichtigt.*

3.8 Phrasen und ihre Köpfe

Wenn wir alle Wortarten in einem Satz kennen, können wir die einzelnen Wörter zu größeren Einheiten zusammenfassen: **Gruppen** oder **Phrasen**. So gibt es **Substantivgruppen** oder **Nominalphrasen**. Sie bestehen typischerweise aus einem Nomen mit einem Artikelwort, oft treten dann noch Attribute hinzu wie in *die getigerte Katze meiner Freundin*. Da sie in der Literatur häufiger als Nominalphrasen bezeichnet werden denn als Substantivgruppen, werde ich im Folgenden ebenfalls diesen Begriff verwenden.

Eine Phrase muss nicht unbedingt aus mehreren Wörtern bestehen. Sie kann auch aus einem einzelnen Wort bestehen, wenn dieses Wort eine funktionale Einheit darstellt, die auch durch eine mehrwortige Nominalphrase realisiert werden kann. Um dies zu illustrieren, ist in den folgenden Beispielen jeweils die Subjekt-Nominalphrase durch entsprechend gekennzeichnete eckige Klammern markiert.

(30) a. [NP Schildkröten] sind faszinierend.
　　 b. [NP Alte Schildkröten] sind faszinierend.
　　 c. [NP Diese Schildkröten] sind faszinierend.
　　 d. [NP Diese alten Schildkröten auf den Galápagos-Inseln, die wirklich riesig werden,] sind faszinierend.

In Phrasen gibt es immer ein Element, das besonders wichtig ist – in dem Sinne, dass es entscheidende grammatische Eigenschaften der anderen Elemente der Phrase bestimmt. Dies ist der **Kopf** oder **Kern** der Phrase. Das Nomen in der Nominalphrase beispielsweise bestimmt das Genus, das sich dann auch in Determinierern und Adjektivattributen zeigen kann.

(31) a. [NP ein silberner *Löffel*]/[NP der silberne *Löffel*]
 b. [NP eine silberne *Gabel*]/[NP die silberne *Gabel*]
 c. [NP ein silbernes *Messer*]/[NP das silberne *Messer*]

Präpositionalphrasen bestehen meist aus einer Präposition und einer Nominalphrase (*nach dem Seminar*), können aber zum Beispiel auch eine Präposition mit einem Adverb kombinieren (*nach hinten*). Die Präposition ‚regiert' den Kasus einer Nominalphrase in seiner Präpositionalphrase. Unter anderem aufgrund dieser wichtigen Einflussmöglichkeit der Präposition in der Phrase ist die Präposition der Kopf der Phrase.

(32) a. [PP *ohne* einen silbernen Löffel]
 b. [PP *mit* einem silbernen Löffel]
 c. [PP *wegen* eines silbernen Löffels]

Ein Adjektiv wiederum legt in seiner **Adjektivphrase** beispielsweise fest, was für Ergänzungen in der Phrase stehen können und mithilfe welcher Präpositionen sie konstruiert werden müssen.

(33) a. Eva ist [AP *stolz* auf das Seepferdchen].
 b. Eva ist [AP *froh* über das Seepferdchen].

Ebenso gibt es **Adverbphrasen**. Sie haben entsprechend ein Adverb als Kopf.

(34) a. Die schönste Tasse steht [AdvP *ganz links*] im Schrank.
 b. Morris schwimmt [AdvP *morgens* vor dem Frühstück].

Eine **Subjunktionalphrase** enthält als Kopf eine Subjunktion. Die Subjunktion ist dabei gewöhnlich nicht nur zentral für die Gesamtbedeutung ihres Nebensatzes; sie wird oft auch als entscheidend dafür angesehen, dass das finite Verb des Nebensatzes nicht in der linken Satzklammer stehen kann.

(35) a. Ich hoffe, [SubjunktionalP *dass* Rolf den Aschenbecher auf den Tisch stellt].
 b. Alle waren neugierig, [SubjunktionalP *als* die Oma Eva das Päckchen gab].

Ein Verb wiederum legt in seinem Satz (der allerdings meist nicht als „Verbalphrase" bezeichnet wird!) fest, was für Ergänzungen vorhanden sein müssen, was für Kasus sie haben oder mithilfe welcher Präpositionen sie konstruiert werden müssen. Zu der **Verbalphrase** wird allerdings oft – je nach Theorie – das Subjekt nicht hinzugezählt. (Um Probleme durch die veränderte Wortstellung zu vermeiden, sind die illustrierenden Beispiele in (36) Nebensätze.)

(36) a. dass Rolf [vp den Aschenbecher auf den Tisch *stellt*].
b. als die Oma [vp Eva das Päckchen *gab*].
c. dass das Päckchen [vp einen silbernen Löffel *enthielt*].
d. weil Eva [vp auf einen silbernen Löffel *wartete*].

Die Bezeichnung eines Wortes als ‚Kopf' ist zunächst nichts weiter als eine Redeweise dafür, dass bestimmte Wörter in bestimmten Phrasen eine besonders entscheidende Rolle spielen. In manchen Darstellungsformen für grammatische Zusammenhänge spielen sie eine wichtige Rolle. Eine solche Phrase kann verschiedene Funktionen haben, zum Beispiel Subjekt oder Objekt sein; sie kann aber auch Teil eines Satzgliedes – zum Beispiel ein Attribut – sein.

Aufgabe 11: Welche Phrasen können Sie in den folgenden Ausdrücken finden? Überlegen Sie, wie man die zum Teil ineinander geschachtelten Phrasen darstellen könnte.
a. *die auf ihren besonders klar sprechenden Papagei besonders stolze Sängerin*
b. *die sehr stark klemmende Schublade in unserer neu gekauften Kommode*
Aufgabe 12: Im Folgenden geht es darum, dass Phrasen eines bestimmten Typs unterschiedliche Satzgliedfunktionen haben können. Bestimmen Sie die Satzgliedfunktionen der fettgedruckten Nominalphrasen, Präpositionalphrasen, Adjektivphrasen und Adverbphrasen. Welches Wort ist jeweils der Kopf der Phrase?
(I) a. ***Jede zweite Woche** wird **die Biotonne** geleert.*
b. ***Undank** ist **der Welt Lohn**.*
c. ***Käse** mögen **Katzen** deutlich lieber als Vollmilchschokolade.*
d. ***Unsere Katzen** interessiert **Vitaminpaste** nicht besonders.*
e. ***Der Universität** verdankt **die Stadt** auf alle Fälle **die Schlosskonzerte**.*
(II) a. ***Zu Ostern** versteckt man die Eier am besten **im Kühlschrank**.*
b. *Kaline hofft **auf den Käse**.*
c. ***Auf dem Käse** sitzt eine Spinne.*
d. *Kaline kämpft **zum Spaß** gerne **mit Felicitas**.*
e. *Felicitas ist **ohne Zweifel** wieder **unter dem Sofa**.*
(III) a. *Der **enorm große** Gummibaum ist umgekippt.*
b. ***Wahrscheinlich** lügt der König.*
c. *Eva ist **stolz auf ihr neues Kleid**.*
d. *Der Dekan organisiert **schnell** eine weitere Sitzung.*
e. *Der **wunderbare** Rumtopf ist alle.*
(IV) a. *Die Sitzung **heute** war eine Katastrophe.*
b. *Die katastrophale Sitzung war **heute**.*
c. ***Vielleicht** wandert der König aus.*
d. ***Gestern** zeterte der König **lauthals** herum.*
e. ***Dummerweise** scheint der Präsident die Monarchie zu unterstützen.*

Grundbegriffe: Form vs. Funktion, Wortartenklassifikationen, Wortarten, Substantiv, Nomen, Artikelwörter, Pronomen, definiter und indefiniter Artikel, Personal-, Reflexiv-, Reziprokpronomen, Relativ, Demonstrativ, Possessiv, Interrogativ, Indefinitum, Voll-, Haupt, Kopula-, Hilfs-, Modalverb, finite und infinite Verbformen, Präposition, Postposition, Zirkumposition, Konjunktion, Subjunktion, Satzteiljunktion, Infinitiv-*zu*, Infinitivpräfix, Adjektiv, Adverb, Kommentar-, Konjunktional-, Präpositional-, Interrogativ-, Relativadverb, Grad-, Fokus-, Negations-, Abtönungs- Gesprächspartikel, Satzäquivalent, Interjektion, Onomatopoetikum, Ambiguität, Phrase, Kopf, Nominalphrase, Verbalphrase, Adjektivphrase.

Weiterführende Literatur: Kenntnisse zu den einzelnen Wortarten lassen sich sehr gut durch die Lektüre der Grammatiken des Deutschen vertiefen. Schaeder und Knobloch (1992, 2000) und Hoffmann (2007) sind zu Wortarten allgemein einschlägig. Helbig (1988) liefert viele Informationen über die notorisch schwierigen Partikeln.

4. Repräsentationen grammatischer Zusammenhänge

In diesem Kapitel gehe ich auf ein paar Darstellungsweisen für grammatische Zusammenhänge ein. Sie gehen insofern über das topologische Modell hinaus, als sie sich weniger um die Reihenfolge – die lineare Struktur der Ausdrücke im Satz – kümmern und stattdessen das Hauptgewicht auf satzinterne Zusammenhänge, Funktionen und Abhängigkeiten legen.

Bei der Darstellung solcher Zusammenhänge geht es darum, unsere Erkenntnisse bei einer Satzanalyse irgendwie schriftlich festzuhalten – für uns selbst, für die Nachwelt oder zum Beispiel für den Korrektor unserer Klausur. Wir beginnen mit einer recht einfachen und übersichtlichen Repräsentation in Tabellenform. Danach behandeln wir zwei sehr unterschiedliche Arten von ‚Bäumen', Dependenzbäume und Konstituenten- oder Phrasenstrukturbäume. Abschließend folgt ein kleiner Exkurs über Repräsentationsmethoden.

Die Idee der **Tabellendarstellung** ist ganz einfach: Ganz links schreibt man die Wörter eines Satzes untereinander, und zwar in der Reihenfolge, in der sie im Satz auftreten. Rechts daneben fügt man eine Spalte an, in der die Wortarten der Wörter angegeben werden. Daneben kann man eine Spalte einfügen, in der die Gruppen bzw. Phrasen stehen. Daneben wiederum gibt man Satzgliedfunktionen an. Das sieht dann für einen recht einfachen Satz wie *Der Gorilla fraß gestern im Zoo sehr schnell seine Karotten* insgesamt so aus:

(1) Tabellenrepräsentation von Wortarten, Phrasen und Satzgliedern

Wörter	Wortarten	Phrasen	Satzgliedfunktionen
Der	Bestimmter Artikel	Nominal-	Subjekt
Gorilla	Nomen	phrase	
fraß	Vollverb		Prädikat
gestern	Adverb	Adverbphrase	Temporaladverbial
im	Präposition	Präpositional-	Lokaladverbial
Zoo	Nomen	phrase	
sehr	Gradpartikel	Adjektivphrase	Modaladverbial
schnell	Adjektiv		
seine	Possessivartikelwort	Nominal-	Akkusativobjekt
Karotten.	Nomen	phrase	

Dependenzbäume gehen davon aus, dass Vollverben besonders wichtig sind, weil ihre Valenz wesentlich steuert, was in Sätzen vorkommen kann oder muss. Deswegen steht das Verb in einem Dependenzbaum ganz oben. Das Verb *fraß* aus unserem Beispielsatz hat ein Subjekt als obligatorische Ergänzung (*der Gorilla*) und ein Akkusativobjekt als fakultative Ergänzung (*seine Karotten*). Darüber hinaus gibt es hier drei zusätzliche **Angaben**, d. h. nichtvalenzbestimmte Ausdrücke, die die Verb-Situation näher beschreiben, nämlich die Adverbiale *gestern, im Zoo* und *sehr schnell*.

Sowohl die Ergänzungen als auch die Adverbiale sind direkt von *fraß* abhängig. Dies wird durch Linien repräsentiert; wenn man mag, kann man dabei selbstverständlich die Ergänzungen und Angaben unterschiedlich kennzeichnen, zum Beispiel Angaben durch gestrichelte Verbindungslinien. Dabei wird das Abhängige jeweils unter dem Element eingezeichnet, von dem es abhängig ist.

Unsere Ergänzungen und Angaben sind nun aber auch in sich komplex. Auch das wird in der Darstellung repräsentiert, und auch hier wird in Form von Abhängigkeiten gedacht: Der bestimmte Artikel *der* ist abhängig von *Gorilla*, *Zoo* ist als Ergänzung der Präposition von *im* abhängig, *sehr* ist abhängig von *schnell* und schließlich auch *seine* von *Karotten*. So erhalten wir insgesamt einen Baum wie folgt.

(2) Dependenzbaum

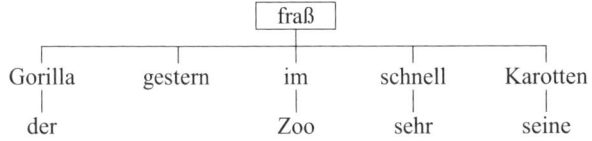

Es ist offenkundig, dass diese verzweigende Struktur keine klare Auskunft über die Reihenfolge der Wörter im Satz geben kann. Allenfalls die Ausdrücke, die hier auf einer ‚Ebene' auftauchen – wie *Gorilla, gestern, im, schnell* und *Karotten* oder auf der ‚Ebene darunter' *der, Zoo, sehr* und *seine* tauchen hier in der ihnen eigenen Reihenfolge auf. Die Ordnung von oben nach unten bzw. von unten nach oben aber hat nichts mit der Abfolge im Satz zu tun. So steht zwar *im* vor *Zoo* aber *schnell* nach *sehr*.

Konstituenten- oder **Phrasenstrukturbäume** haben ein ganz anderes Ziel als Dependenzbäume. Sie spiegeln wider, welche Wörter in einem Satz syntaktische Einheiten, sog. ‚Konstituenten', bilden und berücksichtigen dabei auch die Abfolge der Wörter im Satz. Welche Wörter Konstituenten bilden, kann man durch einige Konstituententests herausfinden – so sind beispielsweise Ketten von Wörtern, die durch ein Pronomen ersetzt werden können oder die als ein zusammengehöriger Block im Satz an eine andere Stelle bewegt werden können, Konstituenten. Zudem sind einzelne Wörter und ganze Sätze ebenfalls Konstituenten. Manche dieser Konstituenten sind Phrasen (vgl. Abschnitt 3.8).

In die graphische Darstellung werden auch Wortartenkategorien aufgenommen. Wörter werden entsprechend ihrer Zusammengehörigkeit zu größeren Konstituenten zusammengefasst, die auf der nächsthöheren Baumebene wiederum zu größeren Konstituenten zusammengefasst werden. Wir erhalten so für unseren nun schon recht gut bekannten Satz die folgende Darstellung.

(3) Einfacher Konstituenten- oder Phrasenstrukturbaum

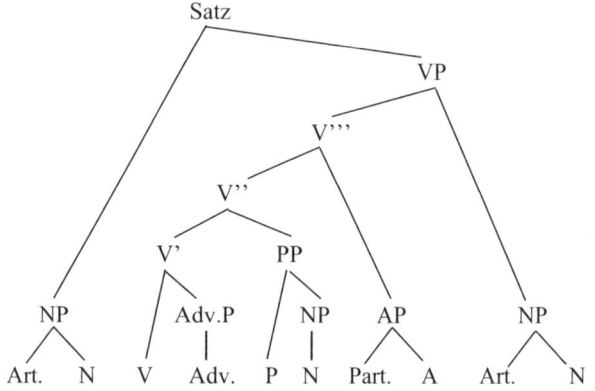

Sie haben jetzt schon einige Repräsentationsformen kennengelernt – in Kapitel 2 das topologische oder Stellungsfelder-Modell, in diesem Kapitel Tabellen, Dependenzbäume und Konstituenten- oder

Phrasenstrukturbäume. Selbstverständlich sind noch viele andere Repräsentationsweisen auf dem Markt; sie alle hier zu erläutern, würde allerdings erheblich zu weit führen.

Was davon ist nun die beste Analysemethode, die beste Repräsentationsweise? – Das kann man schlicht nicht sagen. Denn es hängt von recht vielen sehr unterschiedlichen Faktoren ab. Unter Umständen wählt man eine bestimmte Repräsentationsform deshalb aus, weil der zu analysierende Satz riesig, das Blatt Papier aber klein ist. Meist allerdings spielt in erster Linie eine wichtige Rolle, für welche Aspekte der Satzanalyse genau man sich gerade besonders interessiert – ein Dependenzbaum stellt für denselben Satz etwas anderes dar als ein Konstituenten- oder Phrasenstrukturbaum, konzentriert sich auf bestimmte Eigenschaften des Satzes und lässt andere außer Acht. Das kann sinnvoll sein; genau so, wie es sinnvoll ist, in einem Atlas physische Karten, Klimakarten und Bodenschatzkarten zu haben, kann es auch sinnvoll sein, einmal die Dependenzbeziehungen in einem Satz und ein andermal seine Konstituentenstruktur darzustellen – je nachdem, was gerade wichtig ist. Und deshalb kann man jemandem, der Dependenzbäume malt, auch nicht unbedingt vorwerfen, er würde Wortstellungsaspekte nicht berücksichtigen, wenn es denn nicht sein Ziel war, diese darzustellen. Das wäre so, als würde man jemandem, der zu einer Party Chili con carne mitbringt, nach dem ersten Löffel sagen, das sei aber eine grottenschlechte Pizza.

Aufgabe 1: Analysieren Sie die folgenden Sätze jeweils in Tabellenform. Achten Sie dabei darauf, dass die Nominalphrasen unterschiedliche Satzgliedfunktionen haben.
a. *Diesen Sonntag kommt ein Zirkus.* b. *Marianne sang die Arie.* c. *Ludwig hat der Nervensäge eine Trompete geschenkt.*
Aufgabe 2: Überlegen Sie, wie eine Stellungsfelderanalyse für den folgenden Satz aussehen könnte:
Bevor der erste Schnee fiel, dachte Emilia über einen Laden nach, in dem sie ihre Skiausrüstung kaufen könnte, sollte sie genug Geld haben.
Auf welche Probleme oder Unklarheiten stoßen Sie bei Ihrer Analyse?
Aufgabe 3: Versuchen Sie, dependenzgrammatische Bäume für die folgenden Sätze zu zeichnen. (Satz (e) ist extrem schwierig. Wenn Sie das schaffen, sind Sie wirklich gut!)
a. *Jede zweite Woche wird die Biotonne geleert.*
b. *Der Universität verdankt die Stadt auf alle Fälle die Schlosskonzerte.*
c. *Der enorm große Gummibaum ist umgekippt.*
d. *Eva ist stolz auf ihr neues Kleid.*
e. *Mit meinem Studium zu neuen Wegen zur Förderung der Rechtschreibkompetenz durch Interaktion mit digitalen Medien und gestützt auf etliche*

Lehrveranstaltungen zum Schreibprozess an der Universität Tupfingen und in der Lehrerfortbildung könnte ich zu der von Ihnen gewünschten Profilierung in der Sprachdidaktik Wichtiges beitragen.
Auf welche Unsicherheiten stoßen Sie bei Ihrer Analyse, vor allem bei Satz (e)?

Grundbegriffe: Tabellendarstellung, Dependenzbaum, Konstituentenstruktur, Phrasenstruktur, Repräsentationsform.

Weiterführende Literatur: Zum Vergleich unterschiedlicher Repräsentationsformen: Welke (2007); zu einer kurzen Einführung in die Phrasenstrukturgrammatik: Geilfuß-Wolfgang (2002).

5. Ein genauerer Blick auf das Prädikat

Dass ein Satz ein Prädikat enthält, gehört zu den Dingen, die man als feststehende Tatsache lernt. Das Prädikat eines deutschen Satzes enthält stets mindestens ein Verb. Es kann aber auch mehrere Verben enthalten oder auch Bestandteile, die keine Verben sind. Und außerdem – das wird Sie inzwischen wenig überraschen – gibt es auch Gebilde, die mit gutem Recht als Satz bezeichnet werden können, die aber anscheinend gar kein Prädikat enthalten. Wie immer beginnen wir auch in diesem Kapitel mit den einfachen Fällen.

5.1 Rein verbale Prädikate

Wir betrachten in diesem Abschnitt zunächst Prädikate, die nur aus Verben bestehen. Der einfachste Fall ist der, dass wir in einem Satz ein finites Vollverb haben (1a). **Finit** heißt dabei, dass das Verb nach Person, Numerus, Tempus und Modus flektiert ist. Als Person-Flexionsmerkmale kommen dabei 1. Person, 2. Person oder 3. Person in Frage, als Numerus-Flexionsmerkmale Singular oder Plural. Modus meint die Unterscheidung zwischen Indikativ, Konjunktiv und Imperativ. Mit Tempus-Flexion sind nur die wirklich morphologisch-synthetisch gebildeten Tempora des Deutschen gemeint, also Präsens und Präteritum; die analytisch – d. h. mit Hilfe von Hilfsverben – gebildeten Tempus- oder Modus-Konstruktionen wie (Präsens-)Perfekt, Plusquamperfekt, Futur I, Futur II, *würde*-Konjunktiv u.a. bestehen aus mehreren Verbformen, von denen nur jeweils eine im morphologisch-synthetischen Sinne finit sein kann.

Beim Genus verbi, also Aktiv und Passiv, verhält es sich ähnlich – ob wir eine Passivform vor uns haben, lässt sich generell nur feststellen, wenn man berücksichtigt, ob und welche Hilfsverben in der Verbkonstruktion enthalten sind.

In satzwertigen Infinitiv- oder Partizipkonstruktionen – dazu später mehr – kann auch ein infinites Prädikat vorkommen, so *zu rennen* in (1b). Nur im Falle von Reihungen mit oder auch ohne Konjunktion kann ein Prädikat mehrere finite (1c) oder auch infinite Vollverben (1d) enthalten.

(1) a. Lola *rennt*.
 b. Lola plante, am Abend *zu rennen*.
 c. Ich *kam, sah und siegte*.
 d. Ich plante, abends *anzukommen und zu siegen*.

Dass bei solchen Reihungen von Vollverben wie in (1c) und (1d) von einem Prädikat, nicht von mehreren Prädikaten gesprochen wird, ist eine Besonderheit traditionell orientierter Grammatiken. In neueren Ansätzen sind die Analysen anders.

Ein Vollverb beschreibt eine Tätigkeit, einen Vorgang oder eine andere Situation – wie Rennen, Backen, Aufwachen oder Schlafen. Das tun nicht alle Verben. Hilfsverben beispielsweise bezeichnen eigentlich nichts, sondern haben die Funktion, Finitheitsmerkmale zu tragen, wenn das Vollverb das nicht tut. Sie treten aber zusammen mit einem Vollverb auf.

(2) a. Lola *ist* gerannt.
 b. Max *hat* geschlafen.
 c. Eva *wird* einen Kuchen backen.
 d. Der Kuchen *wird* verschlungen.

Auch Modalverben sind keine Vollverben, wenn sie auch – ebenso wie Hilfsverben – immer nur gemeinsam mit Vollverben auftreten. Sie haben allerdings noch eine wichtige inhaltliche Funktion, denn sie drücken mehr oder weniger komplizierte Gesichtspunkte der Möglichkeit, der Notwendigkeit oder der Einstellung des Sprechers oder auch der Einstellung oder Fähigkeit des Subjekts eines Satzes aus.

(3) a. Max *kann* schlafen.
 b. Max *muss* schlafen.
 c. Max *will* schlafen.
 d. Max *darf* schlafen.

Die Kombination von Vollverben, Hilfsverben und Modalverben zu einem Verbkomplex beschränkt sich nicht immer auf die Kombination von nur zwei Verben. Sie kann reichlich komplex werden.

(4) a. Max *wird* die Maus *gefressen haben wollen.*
 b. Max *möchte gestreichelt werden können.*
 c. Max *ist* von der Maus *entdeckt worden.*
 d. Max *muss* Mäuse *jagen können wollen.*

Schließlich gibt es auch noch die Kopulaverben. Sie treten zusammen mit Subjekt-Prädikativen auf (siehe auch Kapitel 10), die wiederum unterschiedlich realisiert sein können. Dabei wirken sie ungefähr wie ein Mittler, der dafür sorgt, dass einem Subjekt eine jetzige, eine vergangene oder auch eine zukünftige Eigenschaft zugeschrieben werden kann.

(5) a. Max *ist* ein Kater.
 b. Max *wird* ungeduldig.
 c. Max *bleibt* kratzbürstig.

Aufgabe 1: Identifizieren Sie in den folgenden Sätzen die Prädikate und markieren Sie innerhalb der Prädikate die Vollverben, Hilfsverben, Modalverben und Kopulaverben. Suchen Sie auch das finite Verb. Steht es im Präsens oder im Präteritum?
a. *Monika hat die gruselige Geschichte nicht glauben können.* b. *Die überbackenen Kürbisse werden lecker.* c. *Die Quitten müssen noch nicht geerntet worden sein.* d. *Die Studenten werden die Klausur schon geschrieben haben.* e. *Der Hering war nicht zart und weich geblieben.* f. *Michael wird sich über das Lied freuen.* g. *Die schnellste Sprinterin war Claudia.* h. *Felicitas hatte eine Spinne gefangen, mit ihr gespielt und sie getötet.* i. *Geheimnisvollerweise ist die Schranktür geöffnet.*

5.2 Nicht-verbale Prädikatsteile I: Partikelverben

Prädikate können auch Bestandteile enthalten, die keine Verben sind. Diese Bestandteile können unterschiedlich eng zum Verb gehören. Abgesehen von Präfixverben wie *bemalen* und echten Komposita wie *handhaben*, die aus einem Verb und einem nichtverbalen Wortstamm konstruiert sind und die beide einen festen Verbund bilden, gibt es im Deutschen die besonders interessante Erscheinung der **Partikelverben**, d. h. Verben wie *losrennen*, deren erster Teil abgetrennt werden kann.

Das geschieht, wenn sie nicht in der rechten Satzklammer (6a-c) oder im Vorfeld stehen (6d). Ist das Partikelverb finit, und es steht eine Verschiebung des finiten Verbs in die linke Satzklammer an, so macht der verbale Bestandteil des Partikelverbs sich aus dem Staub und lässt die Partikel allein in der rechten Satzklammer zurück (6e).

(6) a. weil Lola sich irrsinnig *abhetzte*
    b. Lola hat sich irrsinnig *abgehetzt*
    c. Lola musste sich irrsinnig *abhetzen*
    d. *Abhetzen* musste Lola sich irrsinnig.
    e. Lola *hetzte* sich irrsinnig *ab*.

Der Satz in (b) zeigt übrigens noch eine zweite interessante Eigenschaft der Partikelverben: Bei der Bildung eines Partizip II schiebt sich das *ge-* zwischen Partikel und Verb; analog verhält sich das Infinitiv-*zu* – der *zu*-Infinitiv heißt nicht **sich zu abhetzen*, sondern *sich abzuhetzen*. Dies bedeutet, dass die beiden Teile nicht nur syntaktisch, sondern auch morphologisch – d. h. innerhalb eines Wortes – trennbar sind.

Verbpartikeln haben homonyme, d. h. gleichlautende, ‚Partnerwörter', die unterschiedlichen Wortarten angehören können. Hier sind ein paar Beispiele der verschiedenen Typen.

(7) a. Adjektiv-Verbpartikeln: *feststellen, freikommen, hochkommen*
    b. Adverb-Verbpartikeln: *herkommen, hindrehen, dahinschwinden*
    c. Präposition-Verbpartikeln: *ausschlafen, nachdenken, zulassen*
    d. Nomen-Verbpartikeln: *preisgeben, standhalten, teilnehmen*
    e. Verb-Verbpartikeln: *kennenlernen, spazierengehen*

Aufgabe 2: Welche der Vollverben sind Partikelverben, welche nicht?
a. *Matthias hat mit einem Riesenkrach die Mülltonne umgefahren.*
b. *Matthias hat mit großem Geschick die Mülltonne umfahren.*
c. *Anne wollte den Roman von Paul Micou nicht übersetzen.*
d. *Anne wollte ihre Gäste an der Altmühl übersetzen.*

5.3 Nicht-verbale Prädikatsteile II: Reflexive Verben

Manche Verben erscheinen immer mit einem Reflexivpronomen: *sich schämen* und *sich etwas anmaßen* beispielsweise. Solche Verben nennt man auch **reflexive Verben**. Weil ihr Reflexivpronomen obligatorisch ist, wird es zum Prädikat dazugezählt.

Reflexive Verben sind nicht zu verwechseln mit **reflexiven Konstruktionen**: Zwar tauchen in beiden Fällen Reflexivpronomen auf, aber während sie bei den reflexiven Verben obligatorisch sind, können sie in den reflexiven Konstruktionen durch komplexe Nominalphrasen ersetzt werden.

(8) Reflexive Konstruktionen
    a. Hannibal rasiert sich. – Hannibal rasiert seinen Elefanten.
    b. Der Monarch schadet sich. – Der Monarch schadet seinen Kollegen.

(9) Reflexive Verben
 a. Hannibal schämt sich. – *Hannibal schämt seinen Elefanten.
 b. Der Monarch maßt sich an, wichtiger als alle anderen zu sein. – *Der Monarch maßt seinen Kollegen an, wichtiger als alle anderen zu sein..

Man kann also durch einen kleinen Ersetzungstest bei der Satzanalyse ganz leicht feststellen, ob man ein Reflexivpronomen zum Prädikat zählen muss oder nicht.

Abgesehen von Verbpartikeln, die Teil des Verbs sind, gilt übrigens generell, dass nicht-verbale Prädikatsteile – wie Reflexivpronomen – bei einer Stellungsfelderanalyse nicht in die Klammerfelder aufgenommen werden sollten. Dies wird in der Aufgabe 4 thematisiert und illustriert.

Aufgabe 3: Wo haben wir es mit reflexiven Verben, wo mit reflexiven Konstruktionen zu tun?
a. *Rolf nahm sich eine Marzipanpraline.*
b. *Jetzt musst du dich aber wirklich beeilen!*
c. *Der Rasenmäher befindet sich in der Garage.*
d. *Nach besonderen Heldentaten belohnt Luise sich immer mit neuen Schuhen.*
e. *Maria hat sich in Hanna verliebt.*
f. *Kaline hat sich schon wieder in der Kammer eingeschlossen.*

Aufgabe 4: Überlegen Sie anhand der folgenden Sätze, warum es nicht sinnvoll ist, das Reflexivpronomen eines reflexiven Verbs mit dem Vollverb zusammen in ein Klammerfeld zu stellen.
a. *Bestimmt hat Wolfgang sich gefreut.*
b. *Bestimmt hat sich Wolfgang gefreut.*
c. *Bestimmt hat Wolfgang sich gestern gefreut.*

5.4 Nicht-verbale Prädikatsteile III: Weitere Fälle

Die bisher betrachteten nicht-verbalen Prädikatsbestandteile sind einfach und hegen eine vergleichsweise innige Beziehung mit dem Vollverb. Es gibt auch komplexere Fälle, bei denen oftmals von ‚**Integration**' eines nicht-verbalen Elements in das Prädikat die Rede ist.

Dass ein Nomen Teil eines Prädikats ist, erkennt man daran, dass es nicht artikelfähig ist (10a), dass es nicht attributfähig ist (10b) und dass es in einem nachfolgenden Satz nicht durch ein Pronomen wieder aufgenommen werden kann (10c) (Duden-Grammatik (2005: 870)). Das kann man hier sehen.

(10) a. Max ist (*das/ein) eisgelaufen.

    b. Max und Moritz spielen (*handgezeichnete) Karten.
    c. Maria schlug Alarm. *Er war laut.

Diese Beispiele zeigen, dass wir hier die Prädikate *eislaufen, Karten spielen* und *Alarm schlagen* vorliegen haben, in die die Nomen *Eis* bzw. *Karten* und *Alarm* integriert sind.

    Manchmal ist eine Präpositionalphrase Teil eines Prädikats. In vielen Fällen von Prädikaten mit integrierten Präpositional- (11a-c) oder auch Nominalphrasen (11d-f) spricht man von **Funktionsverbgefügen** (oft abgekürzt FVG). Funktionsverbgefüge zeichnen sich unter anderem dadurch aus, dass sie ein Verb enthalten, das auf den ersten Blick wie ein normales Vollverb aussieht, das allerdings seine ursprüngliche Eigenbedeutung weitgehend verloren hat, also semantisch verblasst ist, und zu einer Art Hilfsverb herabgestuft worden ist. So wird in (11a) nichts wirklich ‚gebracht', und die Salbe bzw. das Theaterstück in (11b) und (11c) ‚kommen' nicht im wörtlichen Sinne an irgendeinen Ort, der Pirat in (11d) ‚nimmt' ausnahmsweise nichts, in (11e) ‚gibt' Eva Michael nichts im ursprünglichen Sinne, und der Präsident in (11f) ‚findet' nichts.

(11) a. Wolfgang *brachte* das Projekt zum Abschluss.
      b. Die Salbe *kam* zur Anwendung.
      c. Das Theaterstück wurde endlich zur Aufführung *gebracht*.
      d. Der Pirat *nahm* Rache.
      e. Eva *gab* Michael einen Kuss.
      f. Der Präsident *fand* Anerkennung.

Diese Sätze enthalten die Prädikate *zum Abschluss bringen, zur Anwendung kommen* und *zur Aufführung bringen* mit den Präpositionalphrasen *zum Abschluss* bzw. *zur Anwendung* und *zum Abschluss* und die Prädikate *Rache nehmen, einen Kuss geben* und *Anerkennung finden* enthalten die Nomen oder Nominalphrasen *Rache, Kuss* und *Anerkennung*.

    Zu einem Nomen, das in einem Funktionsverbgefüge enthalten ist, gibt es meist ein Verb, zu dem es in einer Ableitungs- oder Derivationsbeziehung steht. *Abschluss* ist von *abschließen* abgeleitet, *Anwendung* von *anwenden, Aufführung* von *aufführen, Rache* von *rächen, Kuss* von *küssen* und *Anerkennung* von *anerkennen* (oder umgekehrt). Die Funktionsverbgefüge als Ganzes sind denn auch durch diese Verben ersetzbar.

(12) a. Wolfgang schloss das Projekt ab.
      b. Die Salbe wurde angewendet.
      c. Das Theaterstück wurde endlich aufgeführt.
      d. Der Pirat rächte sich.
      e. Eva küsste Michael.

f. Der Präsident wurde anerkannt.

Durch diese Kriterien sind die Funktionsverbgefüge einigermaßen zuverlässig zu identifizieren.

Aufgabe 5: Identifizieren Sie die Prädikate in den Beispielsätzen. Gehen Sie nicht intuitiv vor, sondern wenden Sie die im Text erläuterten Kriterien an.
a. *Birgit läuft eis.* b. *Eva isst Eis.* c. *Eva steht kopf.* d. *Evas Klasse bastelt Steckenpferdköpfe.* e. *Simone gibt uns viele Anregungen.* f. *Simone gibt uns viele Spiele.* g. *Leonard übt Kritik.* h. *Leonard übt Karate.*

5.5 „Sätze enthalten Prädikate"

Ich möchte nun noch einmal auf den Punkt zurückkommen, was es heißt, dass ‚ein Satz ein Prädikat enthält'. – Wie so viele Dinge ist auch dies nicht ganz klar. Hier sind ein paar Sätze, in denen jedenfalls kein Prädikat zu sehen ist:

(13) a. Max das Bier.
b. Eva 9 Jahre alt.
c. Eier im Kühlschrank.

Vielleicht fragen Sie sich, wieso ich davon ausgehe, dass dies Sätze sind? – Weil sich dies in einem einfachen Kontext, in dem die Wortfolgen ganz systematisch als **elliptische** Sätze auftreten können, sofort offenbart: Die Prädikate sind zwar oberflächlich ausgelassen (das wird durch die Durchstreichung markiert), werden aber problemlos mitverstanden. Das ist deshalb möglich, weil dieselben Prädikate in dem vorangehenden Satz, der mit dem hier betrachteten Satz koordiniert wird oder an ihn gereiht ist, vorgegeben sind.

(14) a. [Luise trinkt den Wein, (und)] Max ~~trinkt~~ das Bier.
b. [Caro ist 10 Jahre alt, (und)] Eva ~~ist~~ 9 Jahre alt.
c. [Mehl und Zucker sind im Regal, (und)] Eier ~~sind~~ im Kühlschrank.

Schließlich ist zu Prädikaten auch anzumerken, dass sie nicht immer finit sein müssen, und spätestens damit beginnt denn auch der Ärger mit den Subjekten. Damit befassen wir uns im folgenden Kapitel.

Grundbegriffe: Finitheit, Voll-, Hilfs-, Modal-, Kopulaverb, Partikelverb, reflexives Verb, reflexive Konstruktion, Integration, Funktionsverbgefüge, Ellipse.

Weiterführende Literatur: Olsen (1997) befasst sich ausführlich mit Verbpartikeln. Zifonun et al. (1997: 676ff) beschreibt viele unterschiedliche Prädikat-Konstruktionen umfassend.

6. Subjekte und ihre Tücken

Wir haben oben ein paar sehr unkomplizierte Subjekte gesehen. Sie waren kurz, eindeutig und auf den ersten Blick zu erkennen. Nicht alle Subjekte verhalten sich so analysefreundlich: Nur das ganz typische Subjekt ist eine Nominalphrase, steht im Nominativ und vorne im Satz – entweder im Vorfeld oder am Anfang des Mittelfeldes – und bezeichnet jemanden, der aktiv etwas tut (d. h. ein Agens). Ein solches, typisches Subjekt erkennt man leicht, andere sind schwieriger zu identifizieren.

6.1 Erscheinungsformen von Subjekten und der Nominativ

Subjekte können aus mehreren Wörtern, ja ganzen Sätzen – finiten oder infiniten Nebensätzen in Subjektfunktion – bestehen.

(1)   a. *Lola* rennt.
       b. *Sie* rennt.
       c. *Der Hahn* log.
       d. *Wer dies liest,* ist doof.
       e. *Doof zu sein* ist langweilig.
       f. *Dass der König eitel ist,* stört seine Untertanen.

Andererseits gilt auch, dass nicht alles, was Nominativ ist, Subjekt ist. Das gilt für Subjekt-Prädikative (vgl. Abschnitt 1.4) wie in den folgenden Sätzen (2a-c), aber auch für Anredenominative wie in (d).

(2)   a. Die Erde ist *eine Scheibe*.
       b. Der Prinz wird *ein schöner Mann*.
       c. Der König bleibt *ein Tyrann*.
       d. *Meine Süße*, räumst du jetzt dein Zimmer auf?

Manchmal verstecken Subjekte sich etwas, unter anderem indem sie sich hinter irritierenden Wortstellungsmustern verbergen. Typische irreführende Subjekte bzw. Nicht-Subjekte sehen Sie hier.

(3)   a. Deutschland droht eine Rekordtemperatur.
       b. Der SPD drohen schwere Verluste.
       c. Rolf interessiert die Farbe von Nilpferden.

Sehen Sie, wo sich hier die Subjekte verbergen? Versuchen Sie einmal die passenden Fragen zu stellen: „Wer oder was droht Deutschland? – Eine Rekordtemperatur." - „Wer oder was droht der SPD? – Schwere Verluste." „Wer oder was interessiert Rolf? – Die Farbe von Nilpferden."

6.2 Formale Subjekte

Eine andere Art von Subjekt, die nicht ganz leicht zu erkennen ist, ist das **formale Subjekt**. Dabei handelt es sich um ein Subjekt, das eigentlich gar nichts bedeutet und das deshalb auch nicht durch eine Nominalphrase ersetzt werden kann.

(4) a. *Es* regnet. - *Das Wetter regnet.
    b. *Es* friert mich. - *Das Wetter friert mich.
    c. Mich friert *es*. - *Mich friert das Wetter.

Formale Subjekte sind übrigens auch besonders deswegen tückisch, weil *es* in unterschiedlichen Funktionen vorkommen kann; das Platzhalter-*es* hatten wir schon in Kapitel 2 kurz kennengelernt. Später kommen wir noch einmal auf *es* und seine möglichen Funktionen zurück.

Wir haben jetzt bereits einige mehr oder weniger irritierende Arten von Subjekten kennengelernt. Vielleicht noch irritierender sind Subjekte, die gar nicht da sind. Schauen Sie sich einmal die folgenden Sätze an:

(5) a. Mich friert.
    b. Mir schwindelt.
    c. Es friert mich.
    d. Mir schwindelt es.

In (5a) und (5b) haben wir Sätze, die ein formales Subjekt enthalten können, aber nicht müssen; das formale Subjekt ist (hier, nicht generell!) weglassbar.

6.3 „Ein Satz enthält ein Subjekt"

Nicht nur Sätze wie die in (5) treten ohne Subjekt auf. In (6a) und (6b) ist der eingebettete **Infinitivsatz** wichtig. In (6a) geht es um Josefs Liebe zu Maria, in (6b) darum, dass Josef Maria kitzeln soll. Hier ist also jeweils Josef das mitverstandene Subjekt im eingebetteten Infinitivsatz; es kann aber nicht realisiert sein, wenn das Verb infinitivisch ist.

(6) a. Josef glaubt, Maria zu lieben.
 b. Maria bat Josef, sie zu kitzeln.
 c. *Josef glaubt, er/Josef Maria zu lieben.
 d. *Maria bat Josef, er/Josef sie zu kitzeln.
 e. Maria liebend, schlief Josef seelig ein.
 f. Von Josef geliebt, schlief Maria seelig ein.

Das sehen wir daran, dass (6c) und (6d) ungrammatisch oder nicht akzeptabel sind – dies wird wieder durch die kleinen Sternchen vor den Beispielsätzen angezeigt. **Partizipsätze** verhalten sich ähnlich (6e, f).

Ähnlich ist es mit **subjektlosen Passivsätzen** (7a) und mit **Imperativsätzen** (7b, c), wie die folgenden Beispiele uns vorführen; sie enthalten gewöhnlich kein Subjekt.

(7) a. Jetzt wird gegessen!
 b. Komm!
 c. Eva, komm!
 d. Komm du jetzt!

Allerdings erlauben die Imperativsätze, das Subjekt durch direktes Ansprechen zu erwähnen (7c) – das ist dann aber eben gewöhnlich kein Subjekt, sondern ein **Anredenominativ**. Eine Ausnahme dazu mag ein Satz wie (7d) sein.

In (8a) und (8b) geht es jeweils um den Teil nach dem *und*. In (8a) ist hier das Subjekt *er* realisiert, in (8b) ist es weggelassen. Konstruktionen wie in (8b) haben wir schon in dem Kapitel über Prädikate gesehen; man nennt sie **Ellipsen**. In traditionell orientierten Grammatiken geht man in solchen Fällen davon aus, dass es zu dem Subjekt *Klaus* ein Prädikat gibt, das aus zwei finiten Vollverben besteht, *liebt* und *schreibt*.

(8) a. Klaus liebt Silke und er schreibt ihr täglich Briefe.
 b. Klaus liebt Silke und schreibt ihr täglich Briefe.

Die Ellipse ist hier möglich, weil der vorangehende sprachliche Kontext das sprachliche Material enthält, das man einsetzen bzw. mitverstehen muss, um die Sätze zu vervollständigen.

Es gibt auch Ellipsen, in denen nicht der vorangehende sprachliche Kontext dafür sorgt, dass wir ausgelassene Subjekte mitverstehen:

(9) a. Bin total verfroren!
 b. Komme an 17:20.

Hier erlauben uns der nichtsprachliche Kontext, unser Weltwissen und auch die Flexionsformen der Verben, die leere Subjektfunktion aufzufüllen.

Aufgabe 1: Identifizieren Sie alle Subjekte in den folgenden Sätzen, insbesondere auch in den Nebensätzen. Markieren Sie dabei formale Subjekte besonders.
a. *Lass mich doch bitte in Ruhe.*
b. *Wer andern eine Grube gräbt, fällt selbst hinein.*
c. *Ihrer Freundin hat Ina nie versprochen, Weihnachtskarten zu schreiben.*
d. *Um drei Uhr wurde noch immer ausgelassen getanzt.*
e. *Die Arbeit enthielt eine sehr schöne Tabelle.*
f. *Diese Weihnachtsferien lässt Hardy es sich auf Mallorca gut gehen.*
g. *Endlich war alles Unkraut gejätet.*
h. *Letzte Weihnachtsferien schneite es besonders viel.*
i. *Es ist noch kein Meister vom Himmel gefallen.*
j. *Sander schläft nicht in seinem Zelt, sondern paddelt auf dem See.*
k. *Dass der König gefährlich sei, wurde von seinem Diener berichtet.*
l. *Helga ärgerte ihr Verhalten sehr.*
Aufgabe 2: Sie haben gesehen, dass einige der Sätze bzw. Nebensätze in Aufgabe 1 kein Subjekt enthalten. Erklären Sie in jedem dieser Fälle, warum das Subjekt fehlt.

Grundbegriffe: Formales Subjekt, Infinitivsatz, Partizipsatz, subjektloser Passivsatz, Imperativsatz, Anredenominativ, Ellipse.

Weiterführende Literatur: Haider (1994), Oppenrieder (1991).

7. Objekte und Nicht-Objekte

Wir kennen im Deutschen vier verschiedene Arten von Objekten: die seltenen Genitivobjekte, die sehr häufigen Akkusativ- und Dativobjekte und schließlich die Präpositionalobjekte, die notorisch leicht mit Adverbialen verwechselt werden. In Abschnitt 1.2 hatten wir bereits einiges über Objekte gelernt: Sie sind – ähnlich wie Subjekte – durch die Valenz eines Wortes gesteuert und durch passende Fragen im Satz identifizierbar. In dem Kapitel über Subjekte hatten wir gelernt, dass es bei der Satzanalyse ein paar Tücken zu beachten gilt. Vieles davon können wir auf Objekte übertragen.

7.1 Form und Funktion von Objekten

Auch Objekte können ganz unterschiedlich realisiert werden – natürlich durch Nominalphrasen unterschiedlicher Art bzw. im Falle von Präpositionalobjekten durch Präpositionalphrasen. Aber vielfach kommen auch diverse Arten von Pronomen, finite oder infinite Nebensätze in Frage. Hier sind ein paar ausgewählte Beispiele für die unterschiedlichen Objektarten. Dabei ist jeweils zu beachten, dass ein Objekt, das als Nebensatz realisiert wird, natürlich keinen Kasus tragen kann.

(1) Funktion eines Genitivobjekts mit unterschiedlichen Realisierungen:
    a. Man bezichtigte den Professor *der Schwafelei*.
    b. Man bezichtigte den Professor, *dass er geschwafelt habe*.
    c. Man bezichtigte den Professor *geschwafelt zu haben*.

(2) Funktion eines Dativobjekts mit unterschiedlichen Realisierungen:
    a. Der Monarch zieht seine blinden Fans *seinen Kritikern* vor.
    b. Der Monarch zieht seine blinden Fans *jedem* vor.
    c. Der Monarch zieht, *wem er Ärger verdankt*, seine blinden Fans vor.

(3) Funktion eines Akkusativobjekts mit unterschiedlichen Realisierungen:
    a. Eva genießt *die Ferien*.
    b. Eva genießt, *dass sie ins Schwimmbad gehen kann*.
    c. Eva genießt, *ins Schwimmbad gehen zu können*.

(4) Funktion eines Präpositionalobjekts mit unterschiedlichen Realisierungen:
    a. Eva freut sich *auf die Ferien*.
    b. Eva freut sich *darauf*.

Interessant ist bei den Objekten auch, dass es nicht nur Objekte zu Verben gibt, sondern auch **Objekte zu Adjektiven**, die man präziser als **sekundäre Objekte** bezeichnen kann. Da Adjektive die Funktion von Prädikativen haben können, treten also Objekte in Prädikativen auf. Dies wird in (5) gezeigt.

(5) a. Ich bin *der blöden Diskussionen* überdrüssig.
    b. Der Praktikant ist *dem Gärtner* behilflich.
    c. Der Gärtner ist *die Arbeit* gewohnt.
    d. Eva ist stolz *auf ihr Zeugnis*.

Treten dieselben Adjektive in der Funktion von Adjektivattributen auf, so können entsprechend auch sie Objekte haben. Das wird in (6) illustriert.

(6) a. die *der blöden Diskussionen* überdrüssige Professorin
    b. der *dem Gärtner* behilfliche Praktikant
    c. der *die Arbeit* gewohnte Gärtner
    d. die *auf ihr Zeugnis* stolze Eva

Diese Analyse wird in der Duden-Grammatik (2005) vertreten. In traditionellen Grammatiken war das nicht so vorgesehen. Man sprach in diesen Fällen üblicherweise von Attributen.

In dem Kapitel über Subjekte hatte ich Sie darauf hingewiesen, dass der Nominativ kein zuverlässiges Merkmal für Subjekte ist.

Denn auch andere Satzglieder können den Nominativ tragen. Ebenso, wie nicht alles, was nominativisch ist, ein Subjekt ist, gilt auch, dass nicht alles, was akkusativisch ist, ein Akkusativobjekt ist. Analog dazu ist der Dativ keineswegs eine Garantie dafür, dass ein Dativobjekt vorliegt! Ebenso ist auch nicht alles im Genitiv ein Genitivobjekt. Und Präpositionalphrasen können selbstverständlich ebenfalls ganz unterschiedliche Funktionen im Satz haben.

Das sollen die Beispielreihen (7) - (10) verdeutlichen. Wenn Sie beim ersten Lesen noch nicht alle Beispiele verstehen, ist das übrigens nicht weiter schlimm. Das liegt daran, dass wir in den bisherigen Kapiteln manche Punkte noch nicht bzw. noch nicht ausführlich behandelt haben. Ich empfehle Ihnen, die Beispielreihen hier zunächst als Vorwarnung für die kommenden Abschnitte und Kapitel zu lesen und sie sich später noch einmal anzuschauen. Wichtig ist im Moment vor allem, dass Sie sich bei den betreffenden Ausdrücken klar machen, dass es sich um Phrasen eines bestimmten Kasus bzw. um Präpositionalphrasen handelt und dass es sich bei den Nicht-Objekten um Ausdrücke handelt, die nicht in der Valenz ihres potentiellen Bezugswortes vorgesehen sind oder die nicht durch die entsprechende passende Objekt-Frage zu erfragen sind. Von Bedeutung ist hier also vor allem die Idee, dass dieselbe Form unterschiedliche Funktionen haben kann und umgekehrt.

(7) Funktionen von genitivischen Nominalphrasen:
  a. *Genitivobjekt (hier zum Verb):* Man bezichtigte den König *der Schwafelei.*
  b. *Genitivattribut:* Die Schwafelei *des Königs* war unerträglich.
  c. *Modale Adverbialbestimmung:* Der Gegner trat *festen Schrittes* vor.
  d. *Temporale Adverbialbestimmung: Eines schönen Tages* wurde der König gestürzt.
  e. *Kommentaradverbial: Meines Erachtens* spinnt der König.
  f. *Genitivische Nominalphrase als Teil einer Präpositionalphrase:* Der König wurde trotz *seines Gezeters* gestürzt.

(8) Funktionen von dativischen Nominalphrasen:
  a. *Dativobjekt (hier zum Verb):* Der Monarch zieht seine blinden Fans *seinen Kritikern* vor.
  b. *Dativus Judicantis (Dativobjekt zu Adjektiv mit Gradpartikel* zu, allzu, genug*):* Die Diskussionen sind *mir* zu blöd.
  c. *Pertinenzdativ oder possessiver Dativ (in der Duden-Grammatik den Objekten zugeordnete Dative, die auch in Abhängigkeit vom Verb den ‚Besitzer' eines Körperteils angeben): Mir* brennen die Augen. Max schüttelte *mir* die Hand. Max klebte *ihm* ein Pflaster auf das Knie.
  d. *Dativus Commodi/Incommodi (von manchen Autoren den Objekten zugeordnete Dative, zu deren Gunsten bzw. Ungunsten etwas geschieht):* Eva goss/zertrampelte *der Nachbarin* die Krokusse.

  e. *Dativus Ethicus:* Räum *mir* ja endlich dein Zimmer auf!
  f. *Dativattribut (umgangssprachlich): Dem Hans* sein Haus brennt.
  g. *Dativische Nominalphrase als Teil einer Präpositionalphrase:* Der Fuchs schlief auf *der Wiese*.
(9) Funktionen von akkusativischen Nominalphrasen:
  a. *Akkusativobjekt (hier zum Verb):* Eva liest *das Buch*.
  b. *Akkusativobjekt in A.c.I.-Konstruktion:* Eva sah *den Kater* trinken.
  c. *Objekt-Prädikativ:* Sie fand den König *einen Tyrannen*.
  d. *Temporale Adverbialbestimmung:* Eva liest *den ganzen Tag*.
  e. *Modale Adverbialbestimmung:* Das Buch kostet *28 Euro*.
  f. *Akkusativattribut:* Die Sitzung *diese Woche* wird konstruktiv.
  g. *Akkusativische Nominalphrase als Teil einer Präpositionalphrase:* Der Fuchs rannte in *den Wald*.
(10) Funktionen von Präpositionalphrasen:
  a. *Präpositionalobjekt (hier zum Verb):* Max wartet *auf den Zug*.
  b. *Temporale Adverbialbestimmung:* Max schlief *bis Mitternacht*.
  c. *Lokale Adverbialbestimmung:* Max schlief *auf dem Sofa*.
  d. *Modale Adverbialbestimmung:* Eva verreiste *ohne Feline*.
  e. *Kausale Adverbialbestimmung:* Eva freute sich *wegen des Ausflugs*.
  f. *Präpositionalattribut:* Die Buche *am Haus* hatte schon grüne Blätter.

Wir wussten es schon vorher, und hier hat es sich also noch einmal bestätigt: Satzglieder lassen sich nicht an der Realisierungsform, zum Beispiel auch nicht an ihrem Kasus, erkennen. Vielmehr muss man immer danach schauen, welche Funktion ein Ausdruck in seinem Satz hat.

  Wie formale Subjekte, die durch *es* realisiert werden, gibt es auch **formale Objekte**, die nicht durch volle Nominalphrasen ersetzt werden können. Schauen Sie dazu die beiden folgenden Beispiele an. Die Umformung des ersten Satzes ist schlicht nicht akzeptabel. Bei dem zweiten Beispiel sind die Verhältnisse etwas komplizierter: Der umgeformte Satz ist zwar akzeptabel, aber er bedeutet etwas anderes. Er bedeutet, dass Harry den Kampf gegen Lord Voldemort begann. Der Satz mit dem formalen Objekt hingegen bedeutet, dass Harry für Lord Voldemort ein mindestens gleichwertiger Gegner war.

(11) Wie hältst du *es* mit der Religion? - *Wie hältst du dein Leben mit der Religion?
(12) Harry nahm *es* mit Lord Voldemort auf. - ?Harry nahm den Kampf mit Lord Voldemort auf.

Formale Objekte haben ein paar interessante Eigenschaften. So können sie nicht ins Vorfeld verschoben werden.

(13) a. Wie hältst du *es* mit der Religion? - *Es* hältst du mit der Religion wie?

b. Harry nahm *es* mit Lord Voldemort auf. - *Es nahm Harry mit Lord Voldemort auf.

Dasselbe ist allerdings auch zu beobachten, wenn man versucht, ein nicht-formales Objekt-*es* ins Vorfeld zu stellen, cf. *Was ist mit dem Kaninchen passiert? – *Es hat der Bär gefressen.*

Sie haben jetzt einen ersten Überblick darüber erhalten, worum es in den folgenden Abschnitten geht: Wir werden gezielt bestimmte Arten von Ausdrücken betrachten, die sehr leicht mit Objekten verwechselt werden können. Es gibt da ein paar notorisch schwierige Fälle. Wir werden sie uns einen nach dem anderen vornehmen.

7.2 Dativobjekte und andere Dative

Dieser Abschnitt ist, das sei schon zu Beginn gesagt, etwas verwickelt. Es geht darum, dass es dativische Nominalphrasen gibt, die sich gemeinerweise großenteils genau wie Dativobjekte mit *Wem-oder-was*-Fragen erfragen lassen, die man aber dennoch nicht unbedingt mit Fug und Recht als Dativobjekte bezeichnen kann. Der Grund dafür ist, dass Objekte durch die Valenz eines Wortes vorgegeben sind; das aber ist bei den fraglichen dativischen Nominalphrasen wohl eher nicht der Fall. Man nennt sie deshalb **freie Dative**. Wie wir sehen werden, bezieht die Duden-Grammatik dazu in sehr interessanter Weise Stellung. Da nicht jeder die Position der Duden-Grammatik in diesem speziellen Punkt sehr überzeugend findet, werde ich dies auch etwas diskutieren.

Überdenken wir einmal das Verb *füttern*. Eine Fütter-Situation hat im Prinzip zwei Rollenspieler – einen Fütterer und einen, der gefüttert wird. Sie werden in einem entsprechenden Satz durch Subjekt bzw. Akkusativobjekt dargestellt. Es ist nun sicher denkbar, dass eine Fütterung zufälligerweise im Auftrag einer weiteren Person vorgenommen wird, zum Beispiel wenn die Nachbarin, die zwei Katzen hat, in die Ferien gefahren ist. Das kann man auch recht geschickt ausdrücken mithilfe eines **Dativus Commodi**; er bezeichnet jemanden zu dessen Gunsten etwas geschieht (14a). Ähnlich kann man mit einem **Dativus Incommodi** ausrücken, dass etwas zu jemandes Ungunsten geschieht (14b).

(14) a. Eva fütterte *der Nachbarin* die Katzen.
b. Lena zertrampelt *der Nachbarin* die Krokusse.

Und wir können hier das bekannte Frage-Antwort-Spiel durchführen: „Wem fütterte Eva die Katzen?" – „Der Nachbarin." – Aber wollen wir deshalb sagen, dass *der Nachbarin* ein Dativobjekt zu *füttern* ist?

Ich persönlich möchte das nicht. Es leuchtet mir nicht ein zu sagen, *füttern* sehe ein Dativobjekt vor. Denn es scheint mir eine Zufälligkeit der Beschaffenheit der Welt zu sein, dass Füttern eine Handlung ist, die man eben unter Umständen auch einmal im Auftrag eines Dritten oder zu dessen Nutzen ausführen kann. Der freie Dativ in einem Satz wie (14) kann demnach nicht valenzbestimmt und also auch nicht Objekt sein.

Dennoch hat sich die Duden-Grammatik dafür entschieden, für diese Konstruktion zu sagen, dass „die Bezeichnung Dativobjekt berechtigt ist" (2005: 827). Die Begründung dafür ist in sich durchaus schlüssig: Ausgangspunkt ist die Annahme, dass der freie Dativ für einen Rollenspieler oder Aktanten der ausgedrückten Situation steht (ebd. 790). Aktanten oder Rollenspieler sind meist durch die Valenz eines Wortes festgelegt und damit Ergänzungen. Manchmal allerdings sind sie nicht valenzbestimmt, sondern haben den Status von Angaben. Genau das ist bei freien Dativen der Fall; sie sind Aktanten und Angaben. Warum bezeichnet nun die Duden-Grammatik freie Dative als Objekte? Das liegt vor allem in der Definition begründet, die die Duden-Grammatik für Dativobjekte (und entsprechend für andere Objekte) vorsieht: Ein Dativobjekt wird definiert als „ein Aktant in Form einer Nominalphrase im Dativ". Erkennen Sie den springenden Punkt?

Der springende Punkt ist, dass die Duden-Grammatik Objekte über den Status als Aktant definiert. Wir hingegen definieren Objekte – im Einklang mit der traditionellen Ansicht (siehe etwa Bussmann (2002)) – darüber, dass sie valenzbestimmt sind (vgl. Abschnitt 1.2). Es ist also nicht erstaunlich, dass die Duden-Grammatik freie Dative als Objekte bezeichnet, wir hingegen nicht. Freilich könnte man an dieser Stelle auch noch diskutieren, ob es angemessen ist zu sagen, dass freie Dative Rollenspieler bezeichnen, nicht Situationsumstände; aber das wollen wir hier nicht problematisieren.

Es gibt nun noch ein paar weitere spezielle freie Dativkonstruktionen, bei denen man sich ebenfalls fragen kann, ob sie Objektstatus haben oder nicht. Der **Pertinenzdativ** oder **possessive Dativ** wird in der Duden-Grammatik ebenfalls den Objekten zugeordnet. Es handelt sich dabei um dativische Nominalphrasen, die den ‚Besitzer' eines Körperteils angeben, das ebenfalls in dem Satz genannt wird, entweder als Subjekt (15a), als Akkusativobjekt (15b) oder als Präpositionalphrase (15c).

(15) a. *Meiner Freundin* tut das Knie weh.
 b. Der König schüttelte *allen Leuten* die Hand.
 c. Der Direktor klebte *der Schülerin* ein Pflaster auf das Knie.

Da es auch vom Verb abhängt, ob ein solcher possessiver Dativ eingesetzt werden kann, gesteht die Duden-Grammatik auch dem possessiven Dativ den Status eines Objekts zu (ebd. 826). Interessanterweise geht diese Begründung im Gegensatz zu der beim freien Dativ ein wenig in die Richtung einer Objektdefinition über Valenz.

Dativische Nominalphrasen, die als Ergänzung zu Gradpartikeln wie *zu*, *allzu*, *genug* eine „wahrnehmende oder beurteilende Person" (ebd. 826) nennen, bezeichnet man als **Dativus Judicantis**.

(16) a. Die Diskussionen sind *mir* zu blöd.
 b. Der König war *den Untertanen* allzu arrogant.
 c. Der Kaffee war *den Gästen* stark genug.

Einigermaßen unterhaltsam ist der **Dativus Ethicus**, den man auch als Sorgen- oder Mecker-Dativ bezeichnen könnte – was aber natürlich nicht so elegant klingt. Die Beispiele in (17) werden Ihnen rasch deutlich machen, worum es geht.

(17) a. Werd *mir* bloß nicht krank!
 b. Dass du *mir* nicht den Weihnachtsbaum anzündest!
 c. Gib *mir* nicht das ganze Taschengeld auf einmal aus!

Die Duden-Grammatik merkt an, dass diese Dativverwendung den Effekten von Abtönungspartikeln nahe kommt (ebd. 828), die ja auch oft eine stark subjektive Komponente der Einschätzung ins Spiel bringen.

Da wir gerade von dativischen Nominalphrasen und Verwechslungsmöglichkeiten mit Objekten sprechen, möchte ich die Gelegenheit nutzen, hier ganz explizit auf einen Punkt hinzuweisen, der nicht wirklich schwierig ist, der aber dennoch erfahrungsgemäß vielen Studenten große Probleme bereitet: Eine dativische Nominalphrase, die nur Teil einer Präpositionalphrase ist, ist **nie** ein Dativobjekt.

(18) a. Die Axt hängt in *meinem Gartenhaus*.
 b. Die Axt leidet unter *Rost*.
 c. Die Axt im *Haus* ersetzt den Zimmermann.

Dasselbe gilt natürlich auch für akkusativische wie auch für genitivische Nominalphrasen, wenn sie in Präpositionalphrasen eingebettet sind.

Kaum mit einem Dativobjekt zu verwechseln sind dativische Nominalphrasen, die als Attribute verwendet werden.

(19) *Dem Hans* sein Haus hat ein kaputtes Dach.

Diese Konstruktion kommt allerdings nur umgangssprachlich vor.

Aufgabe 1: Handelt es sich bei den dativischen Nominalphrasen um Dativobjekte oder um freie Dative?
a. *Max überreicht seiner Tante das Geschenk.* b. *Ihm wurde das Land weggenommen.* c. *Maria band ihrer Tochter den Schuh zu.* d. *Hans kochte seiner Freundin ein Essen.* e. *Zora öffnete Luise die Tür.*

7.3 Präpositionalobjekte und Adverbiale

Das Wichtigste über Präpositionalobjekte hatten Sie schon gelernt: Präpositionalobjekte sind von der Valenz eines Verbs oder Adjektivs vorgesehene Präpositionalphrasen und werden mithilfe ihrer Präposition erfragt, wie in den Sätzen in (20) zu sehen ist. Außerdem können sie nur durch Präpositionaladverbien pronominalisiert werden.

(20) a. Marie wartet *auf den Zug*. – *Auf wen oder was/Worauf* wartet Marie? – Marie wartet *darauf*.
 b. Maren leidet *unter Langeweile*. – *Unter wem oder was/Worunter* leidet Maren? – Maren leidet *darunter*.

Präpositionalobjekte werden am häufigsten mit Adverbialen verwechselt, die durch Präpositionalphrasen realisiert sind. Manchmal ist es in der Tat schwierig, die beiden Arten von Satzgliedern auseinanderzuhalten. Aber im Allgemeinen kann man sie recht gut unterscheiden: Adverbiale werden normalerweise nicht mit einer Präposition erfragt, und sie werden auch nicht mithilfe einer Präposition pronominalisiert.

(21) a. Marie wartet *auf dem Bahnhof* (auf den Zug). – *Wo* wartet Marie? – Marie wartet *dort*.
 b. Maren leidet *unter dem Tisch* (unter Langeweile). – *Wo* leidet Maren? – Maren leidet dort.

Außerdem ist es so, dass das Präpositionalobjekt bei einem bestimmten Verb oder Adjektiv nur mit einer ganz bestimmten Präposition gebildet werden kann (22a, b). Bei Adverbialen hingegen sind die Präpositionen grundsätzlich auswechselbar (22c, d).

(22) a. Marie wartet *auf/*hinter/*neben/*unter* den Zug.
 b. Maren leidet *unter/*auf/*hinter/*neben* Langeweile.
 c. Marie wartet *auf/hinter/neben/unter* dem Bahnhof.
 d. Maren leidet *auf/hinter/neben/unter* dem Tisch.

Selbstverständlich geht das dann mit einer Bedeutungsveränderung einher. Diese Bedeutungsveränderung ist übrigens ein klares Zeichen dafür, dass die Präposition in einem Adverbial ihre ursprüngliche Eigenbedeutung hat. In einem Präpositionalobjekt hingegen hat die Präposition nicht mehr ihre Eigenbedeutung, sie ist **semantisch verblasst**. Maries Verhältnis zu dem Zug, auf den sie wartet, ist kein lokales ‚Auf-Verhältnis', Marens Verhältnis zu der Langeweile ist kein lokales ‚Unter-Verhältnis'.

Übrigens lassen sich die beiden ohne weiteres kombinieren, d. h. ein Satz kann durchaus sowohl ein Adverbial als auch ein Präpositionalobjekt enthalten.

(23) a. Marie wartet auf dem Bahnhof auf den Zug.
 b. Maren leidet unter dem Tisch unter Langeweile.

Das legt nahe, dass es sich um zwei verschiedene Einheiten handelt, denn gewöhnlich kann ein und dieselbe Satzgliedfunktion nicht zweimal im selben Satz realisiert werden.

Die Sache mit dem Frage-Test und der Pronominalisierung – Präpositionalobjekte werden mit Präpositionen erfragt und pronominalisiert, Adverbiale ohne Präposition – ist in gewissen Einzelfällen dann doch nicht so ganz einfach. Das lässt sich beispielsweise bei *mit*-Phrasen beobachten. Sie werden nämlich meist mit *womit* erfragt, egal ob es sich um Präpositionalobjekte oder um Adverbiale handelt.

(24) a. Hass konkurriert *mit Liebe. – Mit wem oder was/Womit* konkurriert Hass? – Hass konkurriert *damit*.
 b. Hans kommt *mit Luise/mit dem Fahrrad. – Mit wem oder was/Womit* kommt Hans? – Hans kommt *mit ihr/damit*.

Dennoch will man sagen, dass in (24a) ein Präpositionalobjekt vorliegt, in (24b) aber ein Adverbial. Denn die Präposition in (24b) ist austauschbar, die in (24a) nicht.

(25) a. Hass konkurriert *mit/*ohne* Liebe.
 b. Hans kommt *mit/ohne* Luise/das Fahrrad.

Außerdem spricht dafür auch, dass die Präposition *mit* in (24a) semantisch verblasst ist.

Aufgabe 2: Handelt es sich bei den Präpositionalphrasen in den folgenden Sätzen um Adverbiale oder um Präpositionalobjekte?
a. *Die Katze sprang auf den Baum.* b. *Luise hoffte auf die Ferien.* c. *Hans fliegt über den Wolken.* d. *Hans redet über die Wolken.* e. *Der Gangster verwickelte sich in Widersprüche.* f. *Der Gangster rannte in den Wald.* g. *Unter dem Weihnachtsbaum lagen viele Geschenke.* h. *Unter seiner Arroganz litten*

ständig alle Kollegen. i. *Marlene ist stolz auf ihre Tochter.* j. *Hubert ist begierig nach Erdnussflips.*
Aufgabe 3: In den beiden folgenden Sätzen haben wir einmal *freut sich auf* und einmal *freut sich über*. Spricht die Möglichkeit, *freut sich* mit zwei verschiedenen Präpositionen zu kombinieren, dagegen, dass die Sätze Präpositionalobjekte enthalten?
a. *Mareike freut sich auf die Weihnachtsgeschenke.*
b. *Marion freut sich über die Weihnachtsgeschenke.*

7.4 Objekte und adverbiale Kasus

Akkusativische und genitivische Nominalphrasen können nicht nur als Objekte auftreten, sondern beispielsweise auch als Adverbiale. Man spricht dann von einem **adverbialen Kasus**. Dabei sind unterschiedliche Arten von Adverbialen möglich. Der adverbiale Genitiv oder das Genitivadverbial kann die Funktion eines Temporaladverbials, eines Modaladverbials oder auch eines Kommentaradverbials (dazu unten unter dem Stichwort „Satzadverbiale" mehr) haben.

(26) Adverbialer Genitiv/Genitivadverbial:
    a. *Temporaladverbial: Eines schönen Tages* wurde der König gestürzt.
    b. *Modaladverbial:* Der Gegner trat *festen Schrittes* vor.
    c. *Kommentaradverbial: Meines Erachtens* kommt Nachsicht hier nicht in Frage.

Adverbiale Akkusative kommen in einem etwas anderen Spektrum an Möglichkeiten vor.

(27) Adverbialer Akkusativ/Akkusativadverbial:
    a. *Lokaladverbial:* Lola rannte *einen Kilometer.*
    b. *Temporaladverbial:* Eva half *den ganzen Tag* im Garten.
    c. *Modaladverbial:* Das Buch kostet *einen Monatslohn.*

Abgesehen davon, dass adverbiale Kasus dadurch erkennbar werden, dass sie mit typischen Adverbial-Fragen erfragbar sind, haben sie noch eine besondere Eigenschaft. Sie sind nämlich nicht durch Personalpronomen pronominalisierbar.

(28) a. *Lola rannte *ihn*.
    b. *Eva half *ihn* im Garten.
    c. *Das Buch kostet *ihn*.

Diese Eigenschaft liefert uns in Zweifelsfällen ein klares Indiz dafür, ob es sich um einen adverbialen Kasus oder um ein Objekt handelt.

7.5 Agensphrasen, mit einem Exkurs zu semantischen Rollen

Wir haben jetzt genügend Wissen angesammelt, um uns der Frage der sogenannten **Agensphrase** widmen zu können. Damit wird die *von*-Phrase (oder manchmal *durch*-Phrase) bezeichnet, die in einem Passivsatz eingesetzt werden kann, um das Subjekt des entsprechenden Aktivsatzes zu bezeichnen – in einem Standard-Vorgangspassivsatz wird ja das Akkusativobjekt des Aktivsatzes zum Subjekt, während das Subjekt des Aktivsatzes oft weggelassen wird oder eben durch eine Agensphrase in dem Passivsatz realisiert wird. Sie besteht aus der Präposition *von* (oder *durch*) und einer Nominalphrase im Dativ (bzw. bei *durch* im Akkusativ). Hier sind ein paar Beispiele; die Klammerung deutet dabei an, dass *von Eva* jeweils weggelassen werden kann.

(29) a. Eva bemalt die Wand. – Die Wand wird (von Eva) bemalt.
 b. Eva backte elf Muffins. – Elf Muffins wurden (von Eva) gebacken.
 c. Eva hörte den Straßenlärm. – Der Straßenlärm wurde (von Eva) gehört.

Zunächst einmal sei auf ein paar Besonderheiten der Begriffsbildung hingewiesen. Denn sowohl der erste Bestandteil des Begriffs, „Agens", als auch der zweite Bestandteil „Phrase" müssen etwas kommentiert werden.

Die Bezeichnung „Agens", die in dem Begriff „Agensphrase" steckt, meint eine ‚**semantische Rolle**', d. h. eine Art von Beteiligt-Sein an Situationen unterschiedlichen Typs. Ich will versuchen, das in einem kleinen Exkurs zu erklären. Überdenken Sie einmal die folgenden Sätze:

(30) a. Eva bemalt die Wand.
 b. Mareike jagt Michael.
 c. Miriam streichelt den Kater.

Eva, Mareike und Miriam haben hier eine Gemeinsamkeit: Sie sind Rollenspieler, die in der Bemal-, Jage- bzw. Streichel-Situation aktiv und gezielt etwas tun. Diese Gemeinsamkeit erfasst man, indem man sagt, dass sie in der jeweiligen Situation das **Agens** sind. Dem gegenüber stehen die Wand, Michael und der Kater, die in den entsprechenden Situationen nichts aktiv und geplant tun. Vielmehr wird jeweils durch das Agens des Satzes etwas mit ihnen gemacht. Sie ‚erdulden' etwas, wobei dies nicht unbedingt negativ gemeint ist – der Wand ist es vermutlich egal, ob sie bemalt wird oder nicht; der Kater findet es wahrscheinlich ganz angenehm, gestreichelt zu werden; und Michael hat möglicherweise auch seinen Spaß. Die

Tatsache, dass diese Rollenspieler alle drei in der Form eines ‚Erduldens' an der jeweiligen Situation beteiligt sind, erfasst man, indem man sie als **Patiens** bezeichnet. – Kommen wir zu den nächsten Beispielsätzen:

(31) a. Eva backte elf Muffins.
 b. Pardo baute eine Garage.
 c. Hanna zeichnete einen Plan.

Eva, Pardo und Hanna tun in den beschriebenen Situationen etwas aktiv und absichtsvoll, wir können sie also getrost wieder jeweils als Agens charakterisieren. Aber was ist mit den Muffins, der Garage und dem Plan? Wird mit ihnen etwas gemacht, ‚erdulden' sie etwas? Sicher nicht, denn zu Beginn der jeweiligen Handlungen gibt es ja noch gar keine Muffins, keine Garage und keinen Plan. Sie werden durch die Handlung erst erschaffen. Man könnte sie nach ihrer Art des Beteiligtseins an den Situationen des Backens, Bauens und Planens als **Resultat** bezeichnen. – Sehen wir uns drei weitere Beispiele an:

(32) a. Eva hörte den Straßenlärm.
 b. Simone sah eine Spinne.
 c. Maria entdeckte eine Leiche.

Möchten wir in Bezug auf diese Situationen sagen, dass es sich bei Eva, Simone und Maria um ein Agens handelt? Führen sie hier aktiv und planvoll Handlungen aus? Nein, sicher nicht. Im Gegenteil: Der Straßenlärm nervt, man hört ihn ausgesprochen ungern; die Simone, an die ich denke, wird lieber keine Spinne sehen; und eine Leiche zu entdecken ist meistens nichts, das man aktiv und planvoll machen würde. Also möchte man nicht von einem Agens sprechen, eher von einem **Experiencer**, d. h. von jemandem, der etwas wahrnimmt (Dieser englische Fachbegriff wird auch in der deutschsprachigen Fachliteratur verwendet.). Was ein Experiencer wahrnimmt, ist wiederum kein Patiens (= etwas, mit dem man etwas macht') und auch kein Resultat (= etwas, das durch die Wahrnehmung geschaffen wird). Es lässt sich aber gut als **Stimulus** erfassen.

So lässt sich ein ganzes Inventar an unterschiedlichen semantischen Rollen festlegen. Hier ist ein Kerninventar erläutert und illustriert (wesentlich nach Geilfuß-Wolfgang (2002: 60)).

- AGENS: führt eine Handlung aus oder verursacht aktiv ein Geschehen. [Ina *öffnet die Tür mit der Brechstange.*]
- INSTRUMENT: ein Mittel, das verwendet wird, um eine Handlung zu vollziehen. [*Ina öffnet die Tür* mit der Brechstange.]

- EXPERIENCER: etwas Belebtes, das einen mentalen oder emotionalen Zustand erfährt. [Max *fürchtet bellende Hunde. Bellende Hunde ängstigen* Max.]
- STIMULUS: etwas, das einen mentalen oder emotionalen Zustand auslöst. [*Max fürchtet* bellende Hunde. Bellende Hunde *ängstigen Max.*]
- POSSESSOR: jemand, der etwas besitzt, dem etwas zugehörig ist. [Wir haben zwei Katzen. Dieses Buch *enthält bestimmt noch Fehler.*]
- REZIPIENT: etwas Belebtes, das etwas erhält. [*Max gibt* Ina *das Buch.*]
- ZIEL: Ort, zu dem sich etwas hinbewegt. [*Max stellt die Vase* auf den Tisch. *Der Zug fährt von Berlin* nach Osnabrück.]
- QUELLE: Ort, von dem sich etwas wegbewegt. [*Der Zug fährt* von Berlin *nach Osnabrück.*]
- ORT (oder LOKATION): Ort, an dem etwas stattfindet oder an dem ein Zustand besteht. [*Die Vase steht* auf dem Tisch.]
- RESULTAT: etwas, das durch eine Handlung geschaffen wird (effiziertes Objekt). [*Max backt* einen Kuchen.]
- PATIENS (oder THEMA – Achtung, dieser Thema-Begriff hat nichts mit dem aus der Informationsstrukturtheorie zu tun!): etwas, mit dem etwas passiert, das durch eine Handlung betroffen ist (affiziertes Objekt), das eine Eigenschaft hat oder wechselt. [*Ina öffnet* die Tür *mit der Brechstange. Der Zug fährt von Berlin nach Osnabrück. Die Ampel ist grün.*]

Kommen wir nun zurück zu der Bezeichnung „Agensphrase". Es ist Ihnen vielleicht schon aufgefallen, dass die *von*-Phrasen in (29) sich nicht alle gleichermaßen treffend als Agensphrase bezeichnen lassen. Der Ausdruck *von Eva* in (29c) bezeichnet einen Experiencer. Mit anderen Worten: Der Bestandteil „Agens" in „Agensphrase" ist nicht besonders glücklich gewählt, da er nicht immer zutrifft.

Allerdings mag man zugunsten des Begriffsbestandteils „Agens" anführen, dass man in der Auflistung der semantischen Rollen oben so etwas wie eine Hierarchie feststellen kann: Je weiter oben in der Liste eine semantische Rolle steht, um so näher kommt sie einem prototypischen Agens, um so ‚agensähnlicher' ist sie. Mit anderen Worten: Die Rollen Instrument, Experiencer und Stimulus sind agensähnlicher als Resultat oder Patiens. Nimmt man dies an, so könnte man vielleicht mit einigem Recht sagen, die Agensphrase in einem Passivsatz bezeichne eine in der jeweiligen Situation vergleichsweise agensähnliche Entität.

Kommen wir nun zu dem Begriff „Phrase". Eine Phrase ist eine syntaktische Einheit, die zunächst sozusagen ‚funktionsfrei' erfasst wird; wir haben oben beispielsweise gelernt, dass Nominalphrasen etliche verschiedene Satzgliedfunktionen einnehmen können. D. h. auch der zweite Teil des Begriffs „Agensphrase" ist nicht sonderlich glücklich gewählt, denn unter all den Begriffen, die Satzgliedfunktionen bezeichnen, hat er im Grunde nichts zu suchen.

Warum wird dann aber für Agensphrasen diese etwas unpassende Bezeichnung „Agensphrase" verwendet? – Ich denke, das liegt auch daran, dass der Status der Agensphrase vergleichsweise ungesichert ist. Man ist sich nicht sicher, ob man sie besser zu den Ergänzungen oder zu den Angaben zählen sollte. Zählt man sie zu den Ergänzungen, so ist nicht klar, ob sie sich eher wie Präpositionalobjekte verhalten oder womöglich eher wie instrumentale Modaladverbiale. Mit der Bezeichnung „Agensphrase" geht man diesen offenen Fragen immerhin aus dem Weg. Doch andere terminologische Alternativen sind hinsichtlich der oben angeschnittenen Probleme sicher neutraler, so z. B. „*von*-Phrase" oder „Passiv-Präpositionalphrase".

7.6 Innere Objekte

Ähnliche Probleme wie die Agensphrasen werfen auch die sogenannten ‚**inneren Objekte**' auf. Sie sind in (33) illustriert mit Beispielen aus der Duden-Grammatik (2005: 823).

(33) a. Er schlief einen unruhigen Schlaf.
 b. Sie sprang den Sprung ihres Lebens.
 c. Meine Großtante ist einen schlimmen Tod gestorben.

Das Problem ist hier, dass die akkusativischen Nominalphrasen in diesen Sätzen wie Akkusativobjekte aussehen und – zumindest einigermaßen – mit *Wen-oder-was*-Fragen erfragt werden können, dass die Verben *schlafen, springen* und *sterben* aber eigentlich gar kein Objekt in ihrer Valenz vorzusehen scheinen. Zudem sind diese Nominalphrasen semantisch stark beschränkt. Damit steht ihr Status zur Diskussion. Sind es Ergänzungen? Oder sind es Angaben? Was meinen Sie?

Es gibt noch weitere ‚schwierige Akkusative'. Sie werden in den folgenden Aufgaben behandelt. Das bietet sich an, weil sie gut abgrenzbare Problemfelder darstellen.

Aufgabe 4: Akkusativ mit Infinitiv. (i) Betrachten Sie die folgenden Sätze. Was beobachten Sie in den (b)- und (c)-Sätzen hinsichtlich der Nominalphrasen, die in den (a)-Sätzen als Subjekt bzw. als Akkusativobjekt auftreten?
a. *Der Kater aß.* – a'. *Der Kater aß den Fisch.*
b. *Ich sah/hörte den Kater essen.* – b'. *Ich sah/hörte den Kater den Fisch essen.*
c. *Ich ließ den Kater essen.* – c'. *Ich ließ den Kater den Fisch essen.*
(ii) Was spricht dafür, *den Kater* in den (b)- und (c)-Sätzen als Akkusativobjekt zu bezeichnen?

Aufgabe 5: Pertinenzakkusativ. Wie würden Sie laut den Erläuterungen in Abschnitt 7.2 die dativische Nominalphrase in (a) klassifizieren?
a. *Hans klopfte seinem hustenden Freund auf den Rücken.*
b. *Hans klopfte seinen hustenden Freund auf den Rücken.*
Satz (b) zeigt einen sogenannten Pertinenzakkusativ. In der Duden-Grammatik (2005: 960) wird ein solcher Akkusativ als Konkurrenzform zum Pertinenzdativ u.a. mit folgenden Sätzen illustriert: *Die Wespe stach ihr/sie in die Hand. Der Hund hat mir/mich ins Bein gebissen. Sie zwickte ihm/ihn in die Wade. Sein Freund stieß ihm/ihn in die Rippen. Mir/mich juckt es in den Fingern, ihr zu schreiben.* Was ist den Verben in diesen Sätzen gemeinsam?
Aufgabe 6: Aufgespaltene Akkusativobjekte (und Subjekte). (i) Betrachten Sie die folgenden Sätze. Was ist mit den fettgedruckten Nominalphrasen geschehen?
a. ***Buchsbäume*** *haben wir* ***viele*** *im Garten.*
b. ***Puddingpulver*** *war* ***keins*** *mit Schokoladengeschmack mehr da.*
c. ***Tulpen*** *hat Angela* ***etliche schwarze*** *im Garten.*
(ii) Die in (a)-(c) gezeigten aufgespaltenen Nominalphrasen sind alle indefinit und ihr Kopf steht im Vorfeld. Testen Sie, 1. ob man auch definite Nominalphrasen aufspalten kann, 2. ob man Nominalphrasen im Mittelfeld aufspalten kann, 3. ob die Köpfe eventuell zusammen mit Attributen im Vorfeld stehen können und 4. ob man auch dativische Nominalphrasen aufspalten kann.

Grundbegriffe: Objekt zum Adjektiv, formales Objekt, freier Dativ, Pertinenzdativ, possessiver Dativ, Dativus Judicantis, Dativus Ethicus, Präpositionalobjekt vs. Adverbial, semantisch verblasst, adverbialer Kasus, Agensphrase, semantische Rollen, Agens, Patiens, Resultat, Experiencer, Stimulus, Instrument, Quelle, Ort, inneres Objekt, Akkusativ mit Infinitiv, Pertinenzakkusativ, aufgespaltene Nominalphrasen.

Weiterführende Literatur: Bausewein (1990), Breindl (1989), Dowty (1991), Wegener (1985), Zifonun et al. (1997: 1026ff).

8. Mehr zu Adverbialen und ähnlichem

Dieses Kapitel hat die Aufgabe, das zu verfeinern, was wir bisher über Adverbiale gelernt haben, bzw. – ähnlich wie im Kapitel über Objekte – auf Fälle aufmerksam zu machen, die besonders leicht zu Fehlanalysen verleiten.

8.1 Andere Sorten von Adverbialen

In Abschnitt 1.3 haben wir die wichtigsten Arten von Adverbialen behandelt: lokale, temporale, modale und kausale (im weiteren Sinne) mit ihren Unterarten. Damit sind wir bisher prächtig ausgekommen. Tatsächlich gibt es aber noch einige Arten von Adverbialen mehr, die sich diesen vier wichtigen Typen nicht zuordnen lassen. Sie werden wir in diesem Abschnitt betrachten.

Alle bisher betrachteten Adverbiale waren **Situativadverbiale**. Sie beziehen sich direkt auf eine Situation und geben an, wo, wann, wie und warum sie stattfindet. Man kann noch ein paar andere Arten von Adverbialbestimmungen unterscheiden, die vor allem durch Nebensätze realisiert werden und im weitesten Sinne **inhaltliche Verhältnisse** zwischen Situationen angeben. Hier werden einige vorgestellt: Bei **Adversativadverbialen** wird ein Gegensatz zwischen beiden Situationen ausgedrückt.

(1) *Während gestern die Sonne schien*, ist heute Nebelwetter.

Substitutivadverbiale geben an, dass eine Situation an Stelle einer anderen Situation stattfindet.

(2) *Anstatt zu wandern*, lagen sie am Strand.

Explikativadverbiale verdeutlichen eine Situation, erklären sie näher oder erläutern den Hintergrund zu einer Situation.

(3) Die Diskussion war amüsant, *insofern als sie verblüffend einem Loriot-Sketch ähnelte.*

Restriktivadverbiale drücken eine Einschränkung für die modifizierte Situation aus.

(4) Sie können gehen, *außer wenn noch Arbeit anliegt.*

Irrelevanzkonditionaladverbiale (Unkonditionaladverbiale) drücken aus, dass der im Adverbial ausgedrückte Umstand nicht entscheidend für die modifizierte Situation ist.

(5) *Was immer man sagte*, der König war belehrungsresistent.

Diese Adverbien werden in Standard-Auflistungen von Adverbialuntertypen manchmal nicht aufgeführt, mit dem Resultat, dass sie oft zu restloser Verwirrung führen, wenn sie denn einmal in einem zu analysierenden Satz auftauchen. Deshalb: Gut einprägen!

Schließlich gibt es auch Adverbiale, die weder Situativadverbiale sind, noch inhaltliche Verhältnisse zwischen Situationen angeben. Diese Adverbiale beziehen sich gewissermaßen ‚von außen' auf die Satzaussage; deshalb werden sie auch **Satzadverbiale** genannt.

Kommentaradverbiale drücken einen Kommentar des Sprechers zu der im restlichen Satz geschilderten Situation aus. Dieser Kommentar kann beispielsweise die Wahrscheinlichkeit der Situation betreffen, aber auch eine Beurteilung durch den Sprecher.

(6)   Luise ist *wahrscheinlich/sicher/leider* unglücklich.

Textadverbiale hingegen haben die Aufgabe, die Zusammenhänge zwischen Sätzen oder auch größeren Einheiten in einem Text deutlich zu machen, ohne dass diese Einheiten selbst in einem syntaktischen Abhängigkeitsverhältnis zueinander stünden. (7) ist ein Beispiel dafür.

(7)   *Zum einen* müssen die Anträge fertig geschrieben werden, *zum anderen* sollen die Klausuren korrigiert werden.

Hier werden die Erwähnungen der beiden Situationen *müssen die Anträge fertig geschrieben werden* und *sollen die Klausuren korrigiert werden* syntaktisch gleichwertig nebeneinander gestellt, und *zum einen ... zum anderen...* macht das inhaltliche Konkurrenzverhältnis zwischen ihnen deutlich.

8.2   Was aussieht wie ein Modaladverbial, aber keines ist

Eine besonders interessante Falle stellen gewisse Ausdrücke dar, die mit *Wie*-Fragen erfragbar sind und folglich auf den ersten Blick den Eindruck verbreiten, sie seien Modaladverbiale. (8) enthält ein paar Beispiele dafür. Wir können hier ohne Probleme fragen: „Wie trugen die Zwerge Schneewittchen fort?", „Wie tranken die Gäste den Kaffee?" bzw. „Wie lagen die Blätter im Teich?" und diese Fragen beantworten mit „Betrunken.", „Schwarz." bzw. „Ganz verrottet." – trotzdem handelt es sich nicht um Modaladverbiale.

(8)   a. Die Zwerge trugen Schneewittchen *betrunken* fort.
      b. Die Gäste tranken den Kaffee *schwarz*.
      c. *Ganz verrottet* lagen die Blätter im Teich.

Warum nicht? Modaladverbiale modifizieren die Beschreibung der Situation, die durch das Prädikat des Satzes gegeben ist, also hier durch *trugen fort*, *tranken* und *lagen*. Das tun die fraglichen Ausdrücke in (8) aber nicht. Es wird weder vom Forttragen ausgesagt, dass es betrunken sei, noch vom Trinken, dass es schwarz sei, oder vom Liegen, dass es ganz verrottet sei. Vielmehr besagen die Sätze, dass die Zwerge betrunken waren (oder Schneewittchen; der Satz ist mehrdeutig), dass der Kaffee der Gäste schwarz war und dass die Blätter ganz verrottet waren. Für solche Ausdrücke gibt es keine allgemein akzeptierte Bezeichnung. Manche sprechen von **depiktiven Prädikativen** (d. h. ausmalende Prädikative) (Duden 2005: 800f), andere von **freien Prädikativen** (Pittner und Berman (2004: 39)), wieder andere von **prädikativen** Attributen (Helbig und Buscha (2001)). Das Prädikativ-Charakteristische ist dabei, dass einer Nominalphrase durch einen Ausdruck, der von seinem Bezugsnomen getrennt im Satz stehen kann, eine Eigenschaft zugeordnet wird.

Ähnlich sind gewisse **resultative Prädikative**, die ebenfalls zunächst stark an Modaladverbiale erinnern.

(9) a. Hanna putzte die Fenster *sauber*.
    b. Oliver warf die Vase *kaputt*.

Das Besondere an diesen Ausdrücken ist, dass das Prädikativ hier das Resultat der Situation ausdrückt, die durch das Verb gegeben ist: Als Resultat von Hannas Fensterputz-Aktion sind die Fenster sauber und Olivers Werfen der Vase führt zu dem Resultat, dass die Vase kaputt ist.

Aufgabe 1: Welche Typen von Adverbialen finden Sie in den folgenden Sätzen? Identifizieren Sie auch die freien und resultativen Prädikative.
a. *Während Kaline heute vergnügt ist, lag sie gestern unter dem Sofa herum.*
b. *Anstatt zu arbeiten, löste Luise rasch ganz viele schwierige Sudokus.*
c. *Die Papiere können ausgedruckt werden, insofern sie korrigiert sind.*
d. *Anne stellte ihren Mann fröhlich vor.*
e. *Egal ob es in Strömen regnet, der Rasen muss heute leider gemäht werden.*
f. *Die Katzen fraßen ihren Napf leer.*
g. *Soweit ich weiß, ist diese Prüfungsordnung ohne Einschränkungen gültig.*
h. *Säugetiere haben natürlich Knochen, insofern als sie Wirbeltiere sind.*
i. *Im Folgenden werden die Merkmale von Säugetieren erläutert.*
j. *Ronald ist immer müde, selbst wenn er viel Kaffee getrunken hat.*
k. *Luise fuhr geheilt nach Hause.*
l. *Mag sie sich noch so anstrengen, Sigrid wird trotzdem niemals gewinnen.*

Grundbegriffe: Situativadverbial, Adversativadverbial, Substitutivadverbial, Explikativadverbial, Restriktivadverbial, Irrelevanzkonditionaladverbial, Satzadverbial, Kommentaradverbial, Textadverbial, freies Prädikativ, resultatives Prädikativ.

Weiterführende Literatur: Pittner (1999).

9. Attribute

In einem Satz können alle möglichen Arten von Ausdrücken durch Beifügungen näher bestimmt werden. Davon werden aber einige, nicht jedoch alle als „Attribut" bezeichnet. Adverbiale beispielsweise sind ja im Grunde auch so etwas wie Beifügungen zu Verben oder Prädikaten; sie werden aber in keiner einzigen Grammatik unter der Bezeichnung „Attribut" geführt. In anderen Fällen, zu denen ich unten noch einiges sagen werde, sind sich die Grammatiken nicht so einig. Man muss sich also damit abfinden, dass in der Literatur sowohl weitere als auch engere Attribut-Begriffe herumgeistern. Man kann sie nach ihren Ansichten darüber zu verstehen versuchen, welche Ausdrücke einerseits überhaupt Attribute haben können und welche Ausdrücke andererseits dann als Attribute dienen können. Wir beginnen in Abschnitt 9.1 mit den klaren Fällen.

9.1 Unterarten von Attributen zum Nomen

Der Standardfall eines Attributs ist eine Beifügung zu einem Nomen, die eine Eigenschaft der durch die Nominalphrase bezeichneten Entität nennt. Das kann in unterschiedlichen Formen geschehen. Die Untertypen von Attributen werden danach unterschieden, durch welche Kategorien oder Kasus sie realisiert werden.

(1) a. *Adjektivattribut:* Das *petrolblaue* Meer roch wunderbar.
 b. *Adverbattribut:* Die Ampel *dort* ist kaputt.
 c. *Präpositionalattribut:* Die Buche *neben der Hecke* war alt.
 d. *Genitivattribut:* Die Schwafelei *des Königs* war unerträglich.
 e. *Akkusativattribut:* Die Sitzung *diesen* Mittwoch wird konstruktiv.
 f. *Dativattribut (umgangssprachlich): Dem Hans* sein Haus hat ein kaputtes Dach.
 g. *Infinitivkonstruktion als Attribut:* Die Aufgabe, *für Frieden zu sorgen*, war anspruchsvoll.
 h. *Relativsatz:* Das Problem, *das schwierig war*, wurde gelöst.
 i. Dass-*Attributsatz:* Das Problem, *dass alle sich dauernd zanken*, wurde gelöst.

Ein spezieller Attributtyp, die Apposition, wird unten in einem gesonderten Abschnitt thematisiert.

Aufgabe 1: Adjektivattribute, die durch Kommas voneinander getrennt sind, werden als gleichwertig interpretiert, d. h. sie modifizieren denselben Ausdruck. Adjektivattribute, die nicht durch Kommas getrennt sind, werden hingegen hierarchisch interpretiert, d. h. sie modifieren einen unmittelbar rechts daneben stehenden Ausdruck. Suchen Sie aus der Buchstabenreihe xXxXxxXx heraus: a.) das zweite große X von links, b.) das zweite, große X von links, c.) das dritte, große X von links.

Aufgabe 2: Analysieren Sie den internen Aufbau der Nominalphrasen in den folgenden Sätzen. Identifizieren Sie dazu zunächst alle Attributsorten entsprechend der Auflistung in (1). Überlegen Sie dann, was für Bezüge der Attribute hier möglich sind. (Den ersten Teil der Aufgabe sollten Sie ohne größere Schwierigkeiten bewältigen können; der zweite Teil ist etwas anspruchsvoller.)

a. *die zweite Pappel, die groß ist, ...* b. *die guten Vorsätze, nie mehr spät zu kommen, ...* c. *des Königs neue Kleider* d. *der Luise ihr rotes Tuch mit dem gehäkelten Spitzenrand* e. *die verlogene Behauptung des arroganten Ratsmitglieds, dass Herr S. ein Religionspädagoge sei, ...* f. *alle anstrengenden Sitzungen hier* g. *das Pferd, das auf dem Feld neben dem Haus stand, das bald verkauft werden sollte, ...* h. *das ausdauernde Joggen jeden Tag, das eine Blutdrucksenkung auslösen kann, ...* i. *jede Diskussion während der Tagung, die besonders unangenehm war, ...*

9.2 Artikelwörter als Attribute?

Nomen stehen in den meisten Fällen mit einem Artikelwort zusammen. So ist es wichtig zu klären, ob Artikelwörter, die schließlich auch Beifügungen zu Nomen sind, zu den Attributen gezählt werden oder nicht.

In diesem Punkt treffen wir in den Grammatiken auf unterschiedliche Antworten. Einige Grammatiken analysieren Artikelwörter als Attribute, so ältere Ausgaben der Duden-Grammatik wie (1995: 635f). Andere tun das nicht, so Helbig und Buscha (2001). Das wird damit begründet, dass Attribute per Definition grundsätzlich eine Art Prädikation im semantischen Sinne (ebd. 492), d. h. eine Eigenschaft, ausdrücken; Artikelwörter jedoch drücken generell keine Eigenschaften der durch das Nomen bezeichneten Entität aus.

(2) a. der rote Apfel = er hat die Eigenschaft, rot zu sein
    b. der rote Apfel ≠ er hat die Eigenschaft, der zu sein

Die Duden-Grammatik (2005: 814) schließt sich dieser Auffassung an. Allerdings werden dort possessive Artikelwörter dann doch als Attribut analysiert (ebd. 814). Das scheint mit Blick darauf, dass Attribute Eigenschaften ausdrücken, immerhin nicht unplausibel zu sein, wie (3) zeigt.

(3)   ihr roter Apfel = er hat die Eigenschaft, ihrer zu sein

Manche sprechen im Falle von Artikelwörtern übrigens auch nicht von Attributen, sondern von Spezifizierungen.

9.3 Über komplexe Attribute mit Ergänzungen und Angaben

In manchen Grammatiken werden auch Beifügungen zu Adjektiven oder Adverbien als Attribute bezeichnet. Kürschner (2003: 195f) zum Beispiel nennt *sehr* in *sehr schlank* oder *sehr gern* oder auch *zu* in *zu lustig* Attribut. Wie Sie in Abschnitt 7.1 gelernt haben, sagt die Duden-Grammatik (2005: 804f) hingegen, dass auch Adjektive – wie Verben – Objekte haben können. Analog dazu geht die Grammatik auch davon aus, dass Adjektive Adverbiale haben können.

(4) a. die *mittwochs* der blöden Diskussionen überdrüssige Professorin
 b. der dem Gärtner *zuverlässig* behilfliche Praktikant

Hier unterscheidet sich die Sichtweise der Duden-Grammatik (2005) also von anderen Grammatiken.

Daraus ergibt sich, dass Attribute wie das in (4a) in sich eine recht komplexe Struktur haben können. Das wird in der Tabelle in (5) gezeigt.

(5) Analyse eines komplexen Attributs

Wörter	Satzgliedfunktionen			
Die				
mittwochs	Subjekt	Adjektivattribut	Temporaladverbial	
der			Genitivobjekt	Adjektivattribut
blöden				
Diskussionen				
überdrüssige				
Professorin				
war	Prädikat			
müde.	Prädikativ			

Aufgabe 3: In der Duden-Grammatik wird – im Einklang mit dem oben Gesagten – *sehr* in *sehr groß* als Adverbial bezeichnet. Wir finden dort die folgende Erläuterung (2005: 844): „Eine adverbiale Adjektivphrase (!) kann sich auf eine andere Adjektivphrase beziehen; sie ist dann in diese eingebettet … ‚Anna liest [einen [[*ganz*] dicken] Roman].'" – Ist diese Textstelle damit verträglich, dass *ganz* hier eine Gradpartikel ist?

9.4 Eine Asymmetrie zwischen Nomen/Verb und Adjektiv

Eigentlich könnte die Duden-Grammatik auch im Falle der Beifügungen zu Nomen von Adverbialen und Objekten, ja sogar von Subjekten, sprechen. Denn auch Nomen können entsprechende Ergänzungen und Angaben haben. Das wird in (6) mithilfe eines deverbalen Nomens (6a) gezeigt, d. h. mithilfe eines Nomens, das aus einem Verb (6b) abgeleitet ist.

(6) a. Leos gründliche Zerstörung des Zauns am Freitag (war sehr laut.)
 b. Leo zerstörte den Zaun am Freitag gründlich.

Gerade so, wie in (6b) *Leo* Subjekt ist, *den Zaun* Akkusativobjekt, *am Freitag* Temporaladverbial und *gründlich* Modaladverbial, könnte man auch sagen, dass die entsprechenden Ausdrücke in (6a) eben diese Funktion haben. Es wäre in einer Grammatik, die Adjektiven Objekte und Adverbiale zugesteht, nur konsequent und konsistent, auch Nomen Objekte und Adverbiale zuzugestehen. Diesen Schritt allerdings geht die Duden-Grammatik (2005) dann doch nicht. Stattdessen hält sie sich an die traditionelle Attribut-Terminologie. Jedoch spricht sie (ebd. 814f) etwas vage von Attributen, deren Semantik sich als adverbial beschreiben lässt.

Dieses Dilemma lässt sich auf den folgenden Punkt bringen: Der Begriff ‚Attribut' ist im Grunde ein Begriff, der in der Analyse von Sätzen nach Satzgliedfunktionen, so wie sie in der Duden-Grammatik (2005) aufgebaut wird, wenig zu suchen hat. Denn es handelt sich dabei um einen Begriff, der die Konstituenten- oder Phrasenstruktur betrifft: Wenn ein Ausdruck A ein Attribut zu einem Ausdruck B ist, dann ist A Teil der Phrase, in der B der Kopf ist. Darüber hinaus besagt der Begriff ‚Attribut' nichts über die Funktion des Ausdrucks A.

9.5 Appositionen

Manche Beifügungen zu Nomen tragen anders oder weniger stark als andere Attribute zur Gesamtbedeutung der Nominalphrase bei. Das sind **Appositionen**. Allerdings tummeln sich unter diesem Oberbegriff ein paar recht unterschiedliche Konstruktionen. Manche – die sogenannten lockeren Appositionen, die im Gegensatz zu den restlichen ‚engen' stehen – geben so etwas wie eine zusätzliche Information zu jemandem oder etwas an (7a); verwandt damit sind appositive Relativsätze. Andere liefern eine Art Titel oder einen

Namensteil (8). Wieder andere geben eine gemessene oder charakterisierte Substanz oder Größe an (9).

(7) a. Claudia, *meine Lieblingskollegin aus Berlin*, …
    b. Arnim, *der manchmal Zigarillos raucht*, …
(8) a. *Onkel* Achim
    b. Ludwig *der Zweite*
    c. die Universität *Osnabrück*
    d. *Wolfgang* Klein
(9) a. ein Sack *Reis*
    b. eine Art *Familientreffen*
    c. wir *Sprachwissenschaftler*
    d. jemand *Nettes*

Wenn man bei Titel- und Namen-Appositionen gelegentlich (ich selbst bin es fast immer) verwirrt darüber ist, was der Kopf der Nominalphrase sein soll und was die Apposition, dann hilft ein einfacher Trick: Man nimmt den Ausdruck und packt ihn in eine Satzkonstruktion, in der er einen deutlich sichtbaren Kasus annimmt. Das Wort, das dann das Kasusaffix trägt, ist der Kopf der Phrase.

Dabei stellt man manchmal fest, dass es bei nur geringen Änderungen der Konstruktion zwei verschiedene Möglichkeiten gibt. Das wird in (10) gezeigt. Die Appositionsausdrücke sind hier kursiv gedruckt.

(10) a. die Wohnung meines Onkels *Achim*
     b. *Onkel* Achims Wohnung

Hier ist also einmal die Anredeform *Onkel* und einmal der Name *Achim* der Kopf der Nominalphrase.

Grundbegriffe: Adjektiv-, Adverb-, Präpositional-, Genitiv-, Akkusativ-, Dativattribut, Relativsatz, *dass*-Attributsatz, komplexes Attribut, enge und lockere Apposition.

Weiterführende Literatur: Fuhrhop und Thieroff (2005).

10. Prädikative

In 1.5 hatten wir schon kurz Subjekt-Prädikative behandelt, in 8.2 freie Prädikative und resultative Prädikative, die sich auf Subjekte oder Objekte bezogen. Generell kann es zu fast jedem Nominalausdruck Prädikative geben.

Was ein **Prädikativ** eigentlich ist, lässt sich vielleicht am besten so ausdrücken: Es ist ein Ausdruck, der zu einem Nominalausdruck eine näher beschreibende Eigenschaft liefert. Insofern gleicht es den Attributen. Jedoch unterscheiden sich Prädikative von ihnen ganz wesentlich dadurch, dass sie nicht Teil des Nominalausdrucks sind und daher auch von ihm getrennt im Satz auftreten können. Attribute können das gewöhnlich gar nicht, und wenn, dann nur unter ganz strengen Voraussetzungen – satzwertige Attribute können im Nachfeld des Satzes auftreten (1a, b) und indefinite Nominalphrasen können (in gesprochener Sprache geschieht das gar nicht mal so selten, wie man auf den ersten Blick denken könnte) gespalten werden, wenn das Nomen im Vorfeld auftritt (1c, d).

(1) a. Nathalie hat die Studentin erkannt, *die das Plagiat abgeliefert hatte*.
    b. Sie haben über das Problem diskutiert, *dass viele Plagiate abgeliefert werden*.
    c. *Plagiate* werden *viele* abgeliefert.
    d. *Ärger* hat es *einigen* gegeben!

Abgesehen von diesen sehr beschränkten und damit übersichtlichen Fällen gilt aber, dass Attribute bei ihrem Bezugswort stehen. Umgekehrt heißt das: Wenn ein Ausdruck eine Eigenschaft zu einem Nominalausdruck angibt und von ihm getrennt im Satz herumgeistern kann, liegt Prädikativ-Verdacht vor.

Wie im Falle von Attributen kann man auch im Falle von Prädikativen sehr gut so vorgehen, dass man sich einerseits fragt, wie die Prädikative realisiert sein können – das ist relativ einfach zu beantworten: Es können Adjektivphrasen, Nominalphrasen, Präpositionalphrasen oder Konjunktionalphrasen sein. Wie Attribute können dann diese Prädikativ-Einheiten auch in sich komplex sein, d. h. sie können Objekte oder Adverbiale haben. Andererseits lohnt es sich zu schauen, zu welchen Bezugswörtern die Prädikativ-Einheiten die Prädikativ-Funktion haben können.

Zusätzlich ist zu beachten, dass Prädikativ-Konstruktionen mit oder ohne ‚grammatischen Kitt' auftreten können. Damit ist Folgendes gemeint: In einer einfachen Subjekt-Prädikativ-Konstruktion wie *Willy bleibt verschwunden* ist Willy das Subjekt; verschwunden zu sein ist die Eigenschaft, die Willy hier zugesprochen wird, *verschwunden* ist also das Prädikativ; und *bleibt* schließlich hat die Funktion, *Willy* und *verschwunden* miteinander zu verknüpfen – das ist das, was ich mit ‚Kitt' meine. Bei freien Prädikativen wie in *Die Zwerge trugen Schneewittchen betrunken fort* dagegen haben wir kein solches verbindendes Element.

10.1 Subjekt-, Objekt- und freie Prädikative

Viele Subjekt- wie auch Objekt-Prädikative sind hervorragend zu erkennen, denn sie treten mit typischen ‚Kitt'-Verben auf. In Abschnitt 1.5 haben wir die Kopulaverben kennengelernt, die man zum Teil als Klassiker bezeichnen könnte. Hier sind recht unverkennbare Subjekt-Prädikative:

(2) a. Das Stück ist *schwierig*.
    b. Das Stück wird *schwierig*.
    c. Das Stück bleibt *schwierig*.
    d. Das Stück gilt *als schwierig*.
    e. Das Stück kam mir *schwierig* vor.

Auch Objekt-Prädikative treten mit Verben auf, die eine gewisse Signalwirkung haben:

(3) a. Ich fand das Stück *schwierig*.
    b. Die Klavierlehrerin nannte das Stück *schwierig*.

Freie Prädikative treten ohne Verben mit ‚Signalwirkung' auf und sind deshalb oft schwieriger zu erkennen. Da sie besonders leicht mit Modaladverbialen verwechselt werden, wurden sie schon in Abschnitt 8.2 behandelt. Die Prädikative sind hier wie zufällig, ohne besondere Konstruktionshilfen, in die Sätze eingebaut: Es gibt in den Sätzen in (4) gewissermaßen den zentralen Satzausdruck *Sie bemerkte den Fehler* bzw. *Sie arbeitet*, in den der prädikative Ausdruck *als fleißige Studentin* bzw. *als Hiwi* einfach eingefügt wird. Er bezieht sich hier auf das Subjekt.

(4) a. *Als fleißige Studentin* bemerkte sie den Fehler.
    b. Sie arbeitet *als Hiwi*.

Die Sätze in (5) zeigen noch einmal, dass ein solcher Bezug auch auf das Objekt möglich ist.

(5) a. *Als fleißiger Studentin* fiel ihr der Fehler auf.
    b. *Als Hiwi* beauftragte der Professor sie mit dem Kopieren.

10.2 Prädikativ oder Nicht-Prädikativ, das ist die Frage

Betrachten Sie einmal die Beispiele in (6). Sie sind alle mit dem Verb *sein* gebildet, und es liegt nahe, die Konstruktionen somit als Subjekt-Prädikativkonstruktionen zu analysieren.

(6) a. Der Lavendel ist *im Vorgarten*.
    b. Ostern ist *im April*.
    c. Die Diskussionen sind *zum Lachen*.

Helbig und Buscha (2001: 451) und Zifonun et al. (1997: 980) beispielsweise würden die Konstruktionen auch in der Tat genau in dieser Weise analysieren, Eisenberg (2006: 85f) formuliert vorsichtig, hält die Analyse aber für sinnvoll. Die Duden-Grammatik (2005: 797, 800) aber sieht das anders. Sie würde *im Vorgarten*, *im April* und *zum Lachen* hier als Lokal-, Temporal- bzw. Konsekutivadverbiale analysieren.

Die Intuition dahinter ist klar; wir haben es hier mit einer ‚adverbialen Semantik' zu tun, insofern als hier Orte, Zeiten und Folgen von etwas angegeben werden. Das erinnert nicht zufällig an einen Punkt, den ich oben in Abschnitt 9.4 im Zusammenhang mit Attributen erwähnt hatte. Dort war auch von ‚adverbialer Semantik' die Rede, aber die Duden-Grammatik (2005) folgte im Zusammenhang mit Attributen dann doch der Leitlinie, diese Ausdrücke mit ‚adverbialer Semantik' als Attribute zu analysieren. Den entsprechenden Schritt tut sie im Zusammenhang mit diesen Prädikativkonstruktionen nicht – obwohl es hier, im Gegensatz zum Fall der Attribute, gute Gründe gibt, auf die Adverbial-Analyse zu verzichten. Die Analyse führt nämlich zu einer gewissen Inkonsistenz im grammatischen System.

Dies liegt daran, dass die Duden-Grammatik an anderer Stelle sagt (ebd. 793), dass Adverbiale „die näheren Umstände einer Handlung, eines Vorgangs oder eines Zustandes ausdrücken" (S. 793). Das ist in den Beispielen oben aber gerade nicht der Fall: Das Im-Vorgarten-Sein, das Im-April-Sein und das Zum-Lachen-Sein **sind** jeweils die Zustände, die vom Lavendel, von Ostern und von den Diskussionen ausgesagt werden.

Wollte man das anders sehen, so müsste man als Konsequenz argumentieren, dass *sein* hier ein Vollverb ist. Das wird an anderer Stelle in der Duden-Grammatik (ebd. 423) im Zusammenhang mit *Die Kinder sind im Garten/unten* tatsächlich gesagt und müsste dann konsequenterweise auch auf unsere Beispiel in (6) übertragen werden. Was aber sollte dann die Bedeutung dieses Vollverbs sein? Mehrere Varianten wie „stattfinden", „sich befinden" und mindestens eine weitere – mir etwas rätselhafte – Variante für den Konsekutivfall wären hier nötig. Das erscheint mir weder sehr plausibel noch überzeugend.

Und im Übrigen erhebt sich dann die Frage, was eigentlich mit einem Satz wie *Anna ist laut* ist? Müsste *laut* dann nicht entsprechend ein Modaladverbial sein?

10.3 Weitere problematische Fälle

Mindestens ebenso problematisch erscheint es mir, dass in der Duden-Grammatik (2005: 799) auch ein Teil der Konstruktion in (7a) in Analogie zu (7b) als prädikativ analysiert wird.

(7) a. Ottos Arbeit als Versicherungskaufmann ließ ihn viele Reisen unternehmen.
b. Otto arbeitet als Versicherungskaufmann.

Es geht hier um den Ausdruck *als Versicherungskaufmann*. Die nähere Erläuterung dazu besagt, dass dieser Ausdruck ein Attribut als Bezugsphrase hat, nämlich *Otto*. Außerdem wird gesagt: „Hier ist das Prädikativ kein Satzglied, sondern ein Gliedteil (Attribut)." D. h. hier ist ein Attribut Prädikativ zu einem anderen Attribut, insofern als das Attribut *als Versicherungskaufmann* eine Eigenschaft von Otto ausdrückt, der in diesem Satz als Attribut zu *Arbeit* genannt wird.

Dies scheint mir wieder einmal eine ungünstige Vermischung von Begriffsbildungen. Die Verwendung des phrasenstrukturell relevanten Begriffs „Attribut" hat in der Duden-Grammatik (2005), wie wir oben schon gesehen hatten, bei der internen Analyse von Nominalphrasen gewissermaßen Priorität gegenüber den satzgliedfunktionalen Begriffen „Subjekt", „Objekt" und „Adverbial". Konsequenterweise sollte dies für *als Versicherungskaufmann* in (7a) genauso gehandhabt werden. Dann wäre *als Versicherungskaufmann* ein Attribut zu *Arbeit*.

Aufgabe 1: Bestimmen Sie die Satzgliedfunktionen der Adjektive, Adverbien und Präpositionalphrasen in den folgenden Sätzen.
a. *Der Streit ist lächerlich.* b. *Max genoss die grandiose Aussicht.* c. *Der Jogger rannte blitzschnell.* d. *Die Gäste tranken den Kaffee heiß.* e. *Die Aussicht dort wurde gerühmt.* f. *Der Jogger rannte drinnen.* g. *Die Bücher sind hier.* h. *Auf dem Platz steht ein Zirkus.* i. *Der Zirkus auf dem Platz ist riesig.* j. *Marie wartet auf den Zirkus.* k. *Willy ist auf dem Dach.*
Aufgabe 2: Analysieren Sie die folgenden Sätze.
a. *Der Mönch ist mit seinem Schicksal zufrieden.*
b. *Der Mönch ist als in seinen Weinbergen tüchtig arbeitender Winzer bekannt.*
c. *Der Mönch ist als Winzer tätig.*

Grundbegriffe: Subjekt-Prädikativ, Objekt-Prädikativ, freies Prädikativ.

Weiterführende Literatur: Zifonun et al. (1997: 1105ff).

11. Zusammengesetzte Sätze

Bisher haben wir uns fast ausschließlich mit einfachen Sätzen beschäftigt. **Zusammengesetzte Sätze**, d. h. Satzreihen, eingebettete Nebensätze oder gar komplizierte mehrfache Verschachtelungen kamen bisher nur am Rande vor, um zu illustrieren, dass Satzgliedfunktionen auch durch Nebensätze erfüllt werden können.

Zusammengesetzte Sätze bestehen aus mehreren **Teilsätzen**. Teilsätze können in unterschiedlichen Verhältnissen zueinander stehen. Entweder handelt es sich um **Unterordnung** (**Hypotaxe**) oder um **Nebenordnung** (**Parataxe**, auch **Gleichrangigkeit** oder **Beiordnung** genannt).

Stehen Teilsätze in einem direkten Verhältnis der Unterordnung, so hat der untergeordnete Teilsatz eine Satzgliedfunktion (zum Beispiel Subjekt, Objekt, Adverbial) oder eine Gliedteilfunktion (Attribut) in dem übergeordneten Teilsatz. Ein Nebensatz, der in seinem einbettenden Satz eine Satzgliedfunktion hat, wird als **Gliedsatz** bezeichnet; ein Nebensatz mit Gliedteilfunktion (Attributsatz), wird als **Gliedteilsatz** bezeichnet.

Nebensätze können verschiedenste Satzglieder bzw. Satzgliedteile realisieren. Außerdem haben sie eine interne Satzgliedstruktur, die in einer Satzanalyse selbstverständlich auch zu berücksichtigen ist. Jeder Teilsatz enthält dabei – wenn er nicht gerade elliptisch ist, (vgl. Abschnitt 5.5) – ein eigenes Prädikat.

Außer nach ihrer syntaktischen Funktion und nach ihrer internen Satzgliedstruktur können Nebensätze auch nach ‚äußerlichen' morpho-syntaktischen Kriterien beschrieben werden.

11.1 Morpho-syntaktische Eigenschaften von Nebensätzen

Nebensätze können finit oder infinit sein. Infinite Nebensätze sind entweder Infinitivsätze oder Partizipsätze – der Infinitiv ist also nicht die einzige infinite Verbform im Deutschen! Manche Grammatiken ziehen es übrigens vor, infinite Nebensätze nicht als „Nebensätze" zu bezeichnen, sondern – eben wegen ihrer Infinitheit, die mancher als ‚defizitär' betrachten mag – als „nebensatzähnliche Wortgruppen".

(1) a. *Finiter Nebensatz:* Eva war glücklich, *als sie den Krokus entdeckte.*
    b. *Infinitivsatz:* Eva war glücklich, *den Krokus zu entdecken.*
    c. *Partizipsatz (mit Partizip I): Den Krokus entdeckend,* war Eva glücklich.

d. *Partizipsatz (mit Partizip II): Ohne Zweifel gut ausgeschlafen,* entdeckte Eva den Krokus.

In den Beispielen in (1) stehen die Verbformen jeweils am Ende des Nebensatzes; sie wären in einer Stellungsfelderanalyse also in die rechte Satzklammer einzuordnen. Dieses Verbstellungsmuster treffen wir in Nebensätzen sehr häufig an. Es ist aber nicht das einzig mögliche. Finite Verbformen in einem Nebensatz können auch durchaus in der linken Satzklammer auftreten. Das wird in (2) gezeigt. (Kleine Frage zwischendurch: Warum können im Nebensatz keine infiniten Verbformen in der linken Satzklammer auftreten? – Genau, weil infinite Verbformen dort überhaupt nicht stehen können, siehe Kapitel 2.)

(2) a. *Verb-Erststellung (Stirnsatz): Hätte* Max keine Zeit, käme er nicht.
   b. *Verb-Zweitstellung (Kernsatz):* Max sagt, er *habe* keine Zeit.
   c. *Verb-Endstellung (Spannsatz):* Max sagt, dass er keine Zeit *hat*.

Es ist wichtig, dass Sie bei einer Satzanalyse bedenken, dass man Nebensätze nicht an der Wortstellung erkennt. Der typische Nebensatz hat im Deutschen sicherlich Verb-Endstellung, aber trotzdem gibt es eben auch Nebensätze mit Verb-Erst- oder Verb-Zweitstellung. Umgekehrt gesagt: Wenn Sie die Nebensätze in (2a) und (2b) auf Anhieb erkannt haben, sind Sie gut.

Ebenfalls die Wortstellung betrifft die Tatsache, dass Nebensätze in ihrem einbettenden Satz unterschiedliche Positionen einnehmen können. Sie können am Anfang des einbettenden Satzes stehen; dann stehen sie in dessen Vorfeld (3a). Die meisten Nebensätze können aber auch irgendwo in der Mitte auftreten; dann stehen sie im Mittelfeld des einbettenden Satzes (3b). Und schließlich können sie auch am Ende des einbettenden Satzes auftreten; dann befinden sie sich in dessen Nachfeld (3c).

(3) a. *Vorangestellt: Als sie den Krokus entdeckte,* war Eva glücklich.
   b. *Zwischengestellt:* Eva war, *als sie den Krokus entdeckte,* glücklich.
   c. *Nachgestellt:* Eva war glücklich, *als sie den Krokus entdeckte.*

Auch dies ist wichtig. Ich beobachte oft, dass der Beginn eines zusammengesetzten Satzes, im Falle von (3a) also *als sie den Krokus entdeckte*, fälschlich automatisch für einen Hauptsatz gehalten wird.

So kompliziert dies klingen mag, zum Glück gibt es doch sehr oft eindeutige Signale dafür, dass wir einen Nebensatz vor der Nase haben. Denn viele Nebensätze sind **eingeleitete Nebensätze**, d. h. an ihrem Anfang steht ein Wort, das für einen bestimmten Typ von Nebensatz charakteristisch ist. Solche kleinen, feinen Zeichen geben Subjunktionen, aber auch Relativpronomen oder Relativadverbien.

(4) a. *Subjunktionalsatz:* Eva war glücklich, *als sie den Krokus entdeckte.*
 b. *Relativsatz mit Relativpronomen I:* Der Krokus, *den* Eva entdeckte, war gerade aufgeblüht.
 c. *Relativsatz mit Relativpronomen II:* Der Krokus, über *den* Eva sich freute, war gerade aufgeblüht.
 d. *Relativsatz mit Relativadverb:* Die Stelle, *wo* der Krokus stand, war sehr versteckt.

Wir wissen nun, dass Nebensätze sehr unterschiedlich aussehen können und dass sie unterschiedlich in einen anderen Satz eingebettet sein können. Als nächstes befassen wir uns mit der Frage, welche Funktionen sie in ihren einbettenden Sätzen haben können.

11.2 Unterschiedliche Gliedsätze und Gliedteilsätze

Nebensätze können in der Funktion von **Subjektsätzen** auftreten. Dabei können sie verschiedene Formen annehmen. Ein paar sind in (5) illustriert.

(5) a. *Dass der König für lange Zeit verreist,* freut mich außerordentlich.
 b. *Von Herzen freundlich zu sein,* war dem König fremd.

Ebenso können sie die Rolle von Objekten einnehmen. Entsprechend werden sie dann als **Objektsätze** beschrieben.

(6) a. Ich glaube, *dass Hans am lautesten lacht.*
 b. Hans behauptete, *er habe das ganze Buch gelesen.*
 c. Ich frage mich, *wie das weitergehen soll.*
 d. Der König versprach, *bald abzureisen.*

Auch **Prädikativsätze** gibt es, wenn sie auch vergleichsweise selten vorkommen.

(7) a. Das Problem ist, *dass die Zeit zu knapp wird.*
 b. Die interessanteste Frage ist, *wann der König abdankt.*

Natürlich gibt es auch **Adverbialsätze**, den Unterarten von Adverbialen entsprechend in schr großer Variationsbreite. (8) zeigt hier eine Auswahl möglicher Typen.

(8) a. *Temporalsatz: Als es geregnet hatte,* blühten die Kakteen.
 b. *Kausalsatz: Weil es geregnet hatte,* begannen die Kakteen zu blühen.
 c. *Konditionalsatz: Nähme sie den 8-Uhr-Zug,* käme sie pünktlich.
 d. *Finalsatz:* Er beeilte sich, *um den Zug noch zu erreichen.*

Schließlich können Nebensätze als **Attributsätze** Gliedteile sein. Die bekannteste Art von Attributsatz ist sicher der Relativsatz.

Doch Attributsätze können auch in anderen Formen auftreten, finit oder infinit, eingeleitet mit einem Relativpronomen oder Relativadverb oder auch eingeleitet mit der Subjunktion *dass*.

(9) a. *‚Normaler' Relativsatz (restriktiv):* Die Geschichten, *die Hans erzählt hat*, sind lächerlich.
 b. *Relativsatz mit Relativpronomen als Teil einer Präpositionalphrase:* Die Geschichten, *über die Hans getratscht hat*, sind lächerlich.
 c. *Relativsatz mit Relativadverb:* Das Restaurant, *wo wir Hans trafen*, ist wohl sehr beliebt.
 d. *Relativsatz mit nicht-einschränkender Bedeutung (appositiv/nichtrestriktiv):* Hans, *der am lautesten lacht*, ist glücklich.
 e. *Attributsatz mit Subjunktion:* Der Gedanke, *dass Hans am lautesten lacht*, ist lächerlich.
 f. *Infiniter Attributsatz:* Der Gedanke, *das Haus zu verlassen*, kam ihm nicht.

Besonders bemerkenswert sind aber die sogenannten **freien Relativsätze**. Sie sind wirklich nicht leicht zu erkennen, weil bei ihnen das Bezugswort im einbettenden Satz fehlt. Man muss es sich hinzudenken; insofern ist nicht so klar, ob man die freien Relativsätze zu den Attributsätzen zählen sollte oder nicht.

(10) a. *Wer zuletzt lacht,* lacht am besten. = Derjenige, der zuletzt lacht, lacht am besten.
 b. *Wer dies liest,* ist doof. = Derjenige, der dies liest, ist doof.
 c. Hans schläft, *wo er immer schläft.* = Hans schläft dort, wo er immer schläft.

Freie Relativsätze sind leicht mit eingebetteten Fragesätzen zu verwechseln. Dennoch kann man auch diesen Satztyp in den Griff kriegen: Er wird durch ein *W*-Wort eingeleitet, hat dabei aber keine Frage-Bedeutung. Eingebettete Fragesätze sind im Gegensatz dazu immer Ergänzungen zu Verben des Fragens wie *fragen* oder *wissen wollen*.

Mindestens ebenso gemein sind Relativsätze, denen das Relativpronomen fehlt. Das fehlende Bezugswort kann in diesen Sätzen eingesetzt werden; ich habe es als Hinweis in Klammern dazugeschrieben.

(11) a. Ich habe mehr Seiten geschrieben, *als (Seiten) vorgesehen waren.*
 b. Ich habe so viele Seiten geschrieben, *wie (Seiten) vorgesehen waren.*

Es ist klar, dass die vergleichenden *als*- bzw. *wie*-Sätze jeweils das Nomen *Seiten* näher bestimmen; das rechtfertigt, sie als Attributsätze zu analysieren.

Nun kommen wir zu einer weiteren Art von Nebensatz. Er ist in (12) illustriert. Versuchen Sie einmal herauszufinden, wie sich die Funktion dieses Nebensatzes erfassen lässt.

(12) Hanna kommt im November zu Besuch, *was mich sehr freut.*

Sie waren nicht erfolgreich? Kein Wunder! Dieser Nebensatz ist besonders trickreich und fällt in gewisser Weise etwas aus dem Rahmen, weil er in seinem einbettenden Satz in gewisser Weise gar keine Satzgliedfunktion hat. Der springende Punkt ist, dass er nicht wirklich in den Satzgliedverband integriert ist, sondern den Satz als ganzen näher bestimmt. Er ist insofern einem Satzadverbial ähnlich. Diese Art von Nebensatz wird in der Literatur **weiterführender Nebensatz** oder **Relativsatz zum Ganzsatz** genannt.

Übrigens spreche ich, wie Ihnen sicher bereits aufgefallen ist, schon das ganze Kapitel über nicht davon, dass Nebensätze eine Funktion in Hauptsätzen haben, sondern davon, dass Nebensätze eine Funktion in einem einbettenden oder übergeordneten Satz haben. Der Grund dafür ist, dass Nebensätze natürlich nicht nur von Hauptsätzen abhängig sein können. Genauso wie ein Hauptsatz als ein Satzglied oder als ein Gliedteil einen Nebensatz enthalten kann, kann natürlich auch ein Nebensatz selbst wieder einen anderen Nebensatz als Satzglied oder Gliedteil enthalten. Mit anderen Worten: Wenn ein Nebensatz eine Funktion in einem Hauptsatz hat, ist das nur ein Unterfall.

Ein Nebensatz, der direkt vom Hauptsatz abhängig ist, wird als „Nebensatz 1. **Grades**" charakterisiert. Ein Nebensatz, der von einem Nebensatz 1. Grades abhängig ist, wird als „Nebensatz 2. Grades" charakterisiert, usw. Ein zusammengesetzter Satz, der mindestens einen Nebensatz enthält, ist ein **Satzgefüge**.

11.3 Die Repräsentation von Nebensätzen (Hypotaxe)

In Abschnitt 9.3 hatte ich Ihnen unter (5) gezeigt, wie eine Tabellenrepräsentation für ein in sich komplexes Attribut aussicht. Wir hatten dort zunächst das Subjekt des Satzes identifiziert, dann das Adjektivattribut als Teil des Subjekts markiert und schließlich innerhalb des Adjektivattributs ein Adverbial und ein Objekt isoliert, wobei das Objekt wiederum ein Attribut enthielt. Die Tabellenrepräsentation von Nebensätzen funktioniert im Prinzip genauso: Die Funktion des Nebensatzes in seinem einbettenden Satz wird zunächst so analysiert, wie man es bei einem nicht-satzwertigen Ausdruck machen würde. Das wird in (13) und (14) gezeigt.

(13) Temporaladverbial, realisiert als Präpositionalphrase

Wörter	Satzgliedfunktionen
Vor	
einigen	Temporaladverbial
Wochen	
ist	Prädikat, Teil I
der	Subjekt
Zaun	
umgefallen.	Prädikat, Teil II

(14) Temporaladverbial, realisiert als Nebensatz

Wörter	Satzgliedfunktionen
Als	
der	Temporaladverbial …
Orkan	
wütete,	
ist	Prädikat, Teil I
der	Subjekt
Zaun	
umgefallen.	Prädikat, Teil II

Dann ist allerdings natürlich noch der Nebensatz intern zu analysieren. Das wird in (15) vorgeführt.

(15) Temporaladverbialsatz mit interner Analyse

Wörter	Satzgliedfunktionen	
Als		
der	Temporaladverbial	Subjekt
Orkan		
wütete,		Prädikat
ist	Prädikat, Teil I	
der	Subjekt	
Zaun		
umgefallen.	Prädikat, Teil II	

Dabei hat die Subjunktion *als* übrigens deshalb keinen Eintrag als Satzglied bekommen, weil Subjunktionen außerhalb des Satzgliedverbandes stehen. Wir kommen in Kapitel 12 darauf zurück.

Bei der Stellungsfelderanalyse von Sätzen, die Nebensätze enthalten, ist analog vorzugehen. Das heißt, Nebensätze werden zunächst einmal in die Stellungsfelder ihres einbettenden Satzes eingetragen wie nicht-satzwertige Ausdrücke auch. Allerdings muss natürlich auch hier noch eine interne Analyse der Nebensätze erfolgen. Da ein Nebensatz gewissermaßen für sich selbst auch alle Stellungsfelder eröffnet, braucht man dafür eine Extrazeile in der Tabelle. Das wird in (16) gezeigt.

(16) Nebensatz in der Stellungsfelderanalyse

Vor-Vorfeld	Vorfeld	LSK	Mittelfeld	RSK	Nachfeld
	Als der Orkan wütete,	*fiel*	*der Zaun*	*um.*	
		Als	*der Orkan*	*wütete,*	

Sind in einem zusammengesetzten Satz weitere Nebensätze vorhanden, verfährt man entsprechend. Achtung: Die Analyse von parataktischen Konstruktionen funktioniert anders. Sie wird in Abschnitt 11.6 behandelt.

Aufgabe 1: Analysieren Sie die folgenden Sätze jeweils in Tabellenform.
a. *Gestern hat der Wärter den Gorilla dort gefüttert.*
b. *Am Sonntag hat der Wärter den Gorilla unter den Eichen gefüttert.*
c. *Als es schneite, hat der nette Wärter den Gorilla drinnen gefüttert.*
Aufgabe 2: Erstellen Sie für dieselben Sätze jeweils eine Stellungsfelder-Analyse.

11.4 Korrelate

Manchmal erscheint es fast so, als sei die Satzgliedfunktion, die ein Nebensatz in seinem einbettenden Satz einnimmt, gedoppelt. Betrachten Sie beispielsweise die Sätze in (17).

(17) a. Die Passanten freut es, dass die Eiscafés wieder aufmachen.
 b. Die Passanten bedauern es, dass die Eiscafés noch geschlossen sind.
 c. Die Passanten freuen sich darüber, dass die Eiscafés wieder aufmachen.

Es in (17a) scheint, wie der Nebensatz, die Subjektrolle zu übernehmen, *es* in (17b) die Objektrolle. Dasselbe gilt für das *darüber* in (17c).

Dieser Eindruck trifft es ziemlich genau. Denn *es* bzw. *darüber* sind in diesen Beispielen **Korrelate** zu den jeweiligen Nebensätzen. Ein Korrelat ist, allgemein gesagt, so etwas wie eine Entsprechung zu dem Nebensatz oder ein Verweiswort. Es steht manchmal im Vorfeld oder Mittelfeld des einbettenden Satzes – vor allem, aber nicht nur, wenn der eingebettete Satz im Nachfeld steht.

Aufgabe 3: Zeigen Sie, dass es zumindest manchmal akzeptabel ist, wenn ein Nebensatz nicht im Nachfeld steht und ein Korrelat hat. Formen Sie dazu den Satz (17c) passend um.

11.5 Satzwertige und nicht-satzwertige Infinitivkonstruktion

In diesem Abschnitt gehen wir noch einmal gesondert auf Infinitivkonstruktionen ein. Insbesondere wichtig ist dabei der Unterschied zwischen satzwertigen (18) und nicht-satzwertigen Infinitiven (19).

(18) Er hatte *heute von einem Diener rasiert zu werden* gewünscht.

(19) Er hatte *heute von einem Diener rasiert werden* wollen.

In der Satzanalyse spielt dieser Unterschied insofern eine wichtige Rolle, als die entsprechenden Analysen sich vollkommen unterscheiden. In (18) liegen zwei Prädikate vor, in (19) nach traditioneller Analyse nur eines. Das ist in (20) bzw. (21) illustriert.

(20) Stellungsfelderanalyse eines satzwertigen Infinitivs

Wörter	Satzgliedfunktionen	
Er	Subjekt	
hatte	Prädikat, Teil I	
heute		Temporaladverbial
von	(Akkusativ-)Objektsatz	
einem		Agensphrase
Diener		
rasiert		Prädikat
zu werden		
gewünscht.	Prädikat, Teil II	

(21) Stellungsfelderanalyse eines nicht-satzwertigen Infinitivs

Wörter	Satzgliedfunktionen
Er	Subjekt
hatte	Prädikat, Teil I
heute	Temporaladverbial
von	
einem	Agensphrase
Diener	
rasiert	
werden	Prädikat, Teil II
wollen	

Damit erhebt sich natürlich die Frage, wie man feststellen kann, ob ein satzwertiger oder ein nicht-satzwertiger Infinitiv vorliegt. Dafür gibt es ein paar Tests. Am einfachsten davon ist der Extrapositionstest. Man geht dabei so vor, dass man sich überlegt, ob die Infinitivkonstruktion mit ihren Ergänzungen und Angaben zusammen als ein Block an den rechten Satzrand – also ins Nachfeld – verschoben werden kann. In (22) ergibt dies ein akzeptables Ergebnis, in (23) nicht.

(22) a. Er hatte heute [von einem Diener rasiert zu werden] gewünscht.

    b. Er hatte heute _ gewünscht [von einem Diener rasiert zu werden].
(23) a. Er hatte heute [von einem Diener rasiert werden] wollen.
    b. *Er hatte heute _ wollen [von einem Diener rasiert werden].

Ist die Extraposition möglich, so liegt ein satzwertiger Infinitiv vor; ist sie nicht möglich, dann nicht. Die folgende intuitive Erklärung für dieses Phänomen ist ganz einleuchtend, finde ich: Ein Satz bildet gewissermaßen eine starke Einheit, die sich mit einer starken Barriere nach außen hin abgrenzt. Weil entsprechend folglich auch eine satzwertige Infinitivkonstruktion eine sehr stabile Einheit bildet, lässt sie sich als Block ins Nachfeld verschieben. Dies kann man, zusammen mit weiteren interessanten Testverfahren, in Stechow und Sternefeld (1988: 406ff) nachlesen.

11.6 Parataxe in Tabellen und Stellungsfelderanalysen

Parataktische Sätze sind nebengeordnet und gleichwertig. Es ist also nicht so, dass der eine vom anderen abhängig wäre. Dafür gibt es verschiedene Erscheinungsformen. Das parataktische Verhältnis kann syndetisch sein (24a) oder asyndetisch (24b), d. h. mithilfe einer Konjunktion oder ohne eine solche zustandekommen.

(24) a. Hans kommt und/aber/doch/oder Maria geht.
    b. Hans kommt, Maria geht.

Wenn ein parataktisches Verhältnis ausschließlich Hauptsätze betrifft, spricht man von einer **Satzverbindung** oder **Satzreihe**. Eine Nebenordnung kann aber nicht nur zwischen Hauptsätzen auftreten, sondern auch zwischen Nebensätzen wie in (25).

(25) a. Ich habe gedacht, dass Hans kommt und/aber/doch/oder Maria geht.
    b. Ich habe gedacht, dass Hans kommt, dass Maria geht.

Die Tatsache, dass parataktische Sätze untereinander kein Abhängigkeitsverhältnis haben, hat Konsequenzen, die man bei der Satzanalyse unbedingt beachten muss. Bezogen auf die Tabellenrepräsentation bedeutet das: Keiner der parataktischen Sätze wird als Satzglied oder Gliedteil des anderen Satzes analysiert. Das sieht für (24) aus wie in der Tabelle (26), für (25) wie in der Tabelle (27).

(26) Satzanalyse nebengeordneter Sätze

Wörter	Satzgliedfunktionen
Hans	Subjekt
kommt	Prädikat
(und/...)	
Maria	Subjekt
geht.	Prädikat

(27) Satzanalyse untergeordneter Sätze

Wörter	Satzgliedfunktionen	
Ich	Subjekt	
glaube,	Prädikat	
dass	Objektsatz	
Hans		Subjekt
kommt		Prädikat
(und/...)		
dass	Objektsatz	
Maria		Subjekt
geht.		Prädikat

Bei der Stellungsfelderanalyse sind die Verhältnisse zunächst ähnlich.

(28) Stellungsfelderanalyse nebengeordneter Sätze

Vor-Vorfeld	Vorfeld	LSK	Mittelfeld	RSK	Nachfeld
	Hans	*kommt*			
(und)	*Maria*	*geht.*			

(29) Stellungsfelderanalyse untergeordneter Sätze

Vor-Vorfeld	Vorfeld	LSK	Mittelfeld	RSK	Nachfeld
	Ich	*glaube,*			*dass Hans kommt* *(und) dass Maria geht.*
		dass	*Hans*	*kommt*	
(und)		*dass*	*Maria*	*geht.*	

Interessant wird es allerdings, wenn eine elliptische Konstruktion vorliegt – wie in Satz (30).

(30) Hans hat seit langem seine Katze geliebt und den Hund der Nachbarn gehasst.

Dann muss man nämlich bei der Stellungsfelderanalyse diejenigen Felder frei lassen, in denen die ausgelassenen Ausdrücke stehen würden – wenn sie denn irgendwo stünden.

(31) Stellungsfelderanalyse nebengeordneter Sätze mit Auslassungen

Vor-Vorfeld	Vorfeld	LSK	Mittelfeld	RSK	Nachfeld
	Hans	*hat*	*seit langem seine Katze*	*geliebt*	
und			*den Hund der Nachbarn*	*gehasst.*	

84

Man kann sich leicht überlegen, dass diese zweizeilige Analyse notwendig ist: Die infiniten Verbformen *geliebt* und *gehasst* müssen jeweils in einem rechten Satzklammerfeld stehen. Das Material zwischen den beiden Verbformen erzwingt andererseits die Anwesenheit des zweiten Mittelfeldes. Daraus folgt, dass die Stellungsfelderanalyse mittels zweier Zeilen erfolgen muss.

Aufgabe 4: Erstellen Sie für die folgenden Sätze Stellungsfelderanalysen.
a. *Am Abend wollte Max gerne den Krimi sehen, der wiederholt wurde.*
b. *Während Maria Romane liest, sieht Max Krimis.*
c. *Maria liest Romane und Max sieht Krimis.*
d. *Maria liest Romane und Moritz Gedichte.*
Aufgabe 5: Versuchen Sie sich an den Mammut-Sätzen unten. Erstellen Sie zunächst eine Stellungsfelderanalyse, dann eine Satzgliedanalyse. (Meines Erachtens ist das die einfachere Reihenfolge. Wenn es Ihnen anders geht, machen Sie zunächst die Satzgliedanalyse!) Stecken Sie auf keinen Fall den Kopf in den Sand, wenn Sie nicht sofort den kompletten Überblick über die Sätze haben! Gehen Sie stattdessen folgendermaßen vor: Versuchen Sie im ersten Schritt, die Hauptsätze zu finden. Identifizieren Sie dann die Nebensätze und überlegen Sie, welche Satzgliedfunktionen sie haben und in welchen Feldern sie stehen. Wenn Sie das notiert haben, machen Sie sich an die interne Analyse der Nebensätze 1. Grades, in deren Felder Sie ggf. die Nebensätze 2. Grades einordnen, usw.
a. *Man weiß, daß in England jeder Beklagte zwölf Geschworne von seinem Stande zu Richtern hat, deren Ausspruch einstimmig sein muß, und die, damit die Entscheidung sich nicht zu sehr in die Länge verziehe, ohne Essen und Trinken so lange eingeschlossen bleiben, bis sie eines Sinnes sind.* (aus: Heinrich von Kleist: *Sonderbarer Rechtsfall in England.*)
b. *In einem bei Jena liegenden Dorf erzählte mir auf einer Reise nach Frankfurt der Gastwirt, daß sich mehrere Stunden nach der Schlacht, um die Zeit, da das Dorf schon ganz von der Armee des Prinzen von Hohenlohe verlassen und von den Franzosen, die es für besetzt gehalten, umringt gewesen wäre, ein einzelner preußischer Reiter gezeigt hätte, und versicherte mir, daß, wenn alle Soldaten, die an diesem Tage mitgefochten, so tapfer gewesen wären wie dieser, die Franzosen hätten geschlagen werden müssen, wären sie auch dreimal stärker gewesen, als sie in der Tat waren.* (aus: Heinrich von Kleist: *Anekdote aus dem letzten preußischen Kriege.*)
c. *Eine Eisenbahn ist ein Unternehmen, gerichtet auf wiederholte Fortbewegung von Personen oder Sachen über nicht ganz unbedeutende Raumstrecken auf metallener Grundlage, welche durch ihre Konsistenz, Konstruktion und Glätte den Transport großer Gewichtsmengen beziehungsweise die Erzielung einer verhältnismäßig bedeutenden Schnelligkeit der Transportbewegung zu ermöglichen bestimmt ist und durch diese Eigenart in Verbindung mit den außerdem zur Erzeugung der Transportbewegung benutzten Naturkräften ... bei dem Betriebe des Unternehmens verhältnismäßig gewaltige ... Wirkung zu erzeugen fähig ist.* (Reichsgerichtsdefinition von 1880, verkürzt zitiert nach

Edith Halwass: *Mehr Erfolg mit gutem Deutsch*. Stuttgart: Das Beste, 1976, S. 431.)

d. *Da die Koffer nun gepackt waren, REISTE er, nachdem er seine Mutter und seine Schwestern geküßt und noch einmal sein angebetetes Gretchen an den Busen gedrückt hatte, die, in schlichten weißen Musselin gekleidet und mit einer einzigen Tuberose in den weiten Wellen ihres üppigen braunen Haares, kraftlos die Stufen herabgewankt war, noch bleich von der Angst und Aufregung des vergangenen Abends, aber voller Sehnsucht, ihren armen, schmerzenden Kopf noch einmal an die Brust dessen zu legen, den sie inniger liebte, als ihr Leben, AB.* (aus: Mark Twain: *Die schreckliche deutsche Sprache*. Waltrop und Leipzig: Manuscriptum, 2000, S. 17.)

Grundbegriffe: Zusammengesetzter Satz, Teilsatz, Hypotaxe, Parataxe, Gliedsatz, Gliedteilsatz, Infinitivsatz, Partizipsatz, Verb-Erst-, -Zweit-, -Endstellung, vorangestellter, zwischengestellter, nachgestellter Nebensatz, eingeleiteter Nebensatz, Subjektsatz, Objektsatz, Prädikativsatz, Adverbialsatz, Attributsatz, freier Relativsatz, Relativsatz zum Ganzsatz, Abhängigkeitsgrad, Satzgefüge, einbettender Satz, Hauptsatz, Korrelat, satzwertige und nicht-satzwertige Infinitivkonstruktionen.

Weiterführende Literatur: Zifonun et al. (1997: 2233ff) liefert eine umfassende Darstellung. Fabricius-Hansen (1981) beschäftigt sich mit Nebensätzen und Korrelaten. Bausewein (1990), Breindl (1989), Oppenrieder (1991) schreiben detaillierter über verschiedene Nebensatztypen.

12. Innerhalb und außerhalb des Satzgliedverbandes

Rekapitulieren wir einmal der Übersicht halber: Es gibt in einem Satz gewöhnlich ein Prädikat und eine Reihe von Satzgliedern. Das nennt man auch den **Satzgliedverband**. Darüber hinaus gibt es jedoch Elemente im Satz, die nicht oder nicht direkt in diesen Satzgliedverband fallen.

12.1 Überblick

Erstens gibt es Elemente, die außerhalb des Satzgliedverbandes stehen, d. h. sie beziehen sich von ihrer Bedeutung her gewissermaßen von außen auf den Satzgliedverband. Syntaktisch ist dieses Sich-von-außen-beziehen allerdings nicht auf den ersten Blick offensichtlich. Denn die meisten dieser Elemente stehen keineswegs irgendwo in einer Randposition, sondern vielmehr mitten im Satz. Zu ihnen gehören:

- Satzadverbiale,
- die Negationspartikel *nicht*, wenn sie den ganzen Satz negiert,
- andere Partikeln, die sich auf den Satz als ganzen beziehen, insbesondere Modal- bzw. Abtönungspartikeln,
- Partikeln, die Satzäquivalente sind,
- satzverbindende Konjunktionen,
- Subjunktionen,
- einige besondere Informationsstruktur-Konstruktionen (siehe Abschnitt 12.2).

Zweitens gibt es Elemente, die keine eigene, direkte Satzgliedfunktion haben, weil sie Teil eines Satzgliedes sind. Abgesehen natürlich von Attributen und sekundären Objekten und Adverbialen zu Adjektiven, die entsprechend in einer Satzanalyse zu charakterisieren sind, gehören dazu:

- satzglied- oder wortverbindende Konjunktionen,
- Präpositionen,
- die Negationspartikel *nicht* mit Sondernegationsfunktion,
- andere Partikeln, die Teil eines Satzgliedes sind.

Über die meisten dieser Elemente haben wir schon in den bisherigen Kapiteln gesprochen. Allerdings hatten wir das Thema besonderer Informationsstruktur-Konstruktionen noch nicht angesprochen. Ihm widmen wir uns kurz im nächsten Abschnitt.

12.2 Besondere Informationsstruktur-Konstruktionen

Keine Sorge, die Informationsstruktur ist nicht eine weitere Repräsentationsform, die Sie unbedingt noch kennenlernen müssen! Unter Informationsstruktur versteht man in der Sprachwissenschaft – etwas vereinfachend ausgedrückt – vielmehr die Aufteilung von Äußerungen in **bekanntes** (altes, vorher erwähntes) oder **unbekanntes** (neues, vorher noch nicht erwähntes) Material oder ihre Aufteilung in das, **worüber man etwas sagen will**, und das, **was man darüber sagt**. Hier sind zwei Beispiele, die dies ganz kurz in passenden Kontexten illustrieren. Betrachten Sie einmal (1).

(1) (Ron hat Hermine bei dem Aufsatz um Hilfe gebeten.)
    Sie hat ihrem Freund die Fehler korrigiert.

In dem Beispielsatz finden wir ein paar Ausdrücke, die sich auf etwas beziehen, das aus dem Satz davor bekannt ist: *sie* und *ihrem Freund*. Bisher unbekannte Information finden wir in Form von *hat ... die Fehler korrigiert*. Schauen wir uns nun (2) an.

(2) (Was hast du über Hermine gehört?)
Hermine hat Ron den Aufsatz korrigiert.

Aufgrund des Kontextes ist hier klar, dass die Äußerung des Satzes das Ziel hat, etwas über Hermine zu sagen. Das, was über sie ausgesagt wird, ist der Teil *hat Ron den Aufsatz korrigiert*.

In der Fachliteratur wird Bekanntes und das, worüber man etwas sagen will, oft als **Thema** oder **Topik** bezeichnet. Unbekanntes und das, was man über das Thema aussagen will, wird oft als **Rhema**, als **Fokus** oder als **Kommentar** bezeichnet. – Falls Sie sich jetzt wundern: Nein, Bekanntes und das, worüber man etwas sagen will, ist nicht immer identisch; und Unbekanntes und das, was man über das Thema aussagen will, auch nicht; die Informationsstrukturtheorie ist leider zu verwickelt, als dass ich ihr hier auch nur annähernd gerecht werden könnte. Aber ich hoffe, das eben Gesagte reicht, um das Folgende zu verstehen. Es geht ganz einfach darum, dass es im Deutschen ein paar besondere Konstruktionen gibt, die dazu verwendet werden, das Thema eines Satzes besonders hervorzuheben.

In (3) und (4) führe ich Ihnen ein paar Konstruktionen vor, in denen wir links ein Thema haben, das nicht syntaktisch in den Satz integriert ist. (3a) und (3b) zeigen sogenannte **Linksversetzungen**. Bei ihnen ist im eigentlichen Satz ein Pronomen – hier ein Demonstrativpronomen – vorhanden, das sich auf den Thema-Ausdruck am linken Rand des Satzes bezieht. Wie man an (3b) sieht, kongruiert der Thema-Ausdruck mit dem Pronomen im Satz.

(3) a. Miriam, die kommt heute wohl zu spät.
b. Meinen Onkel, den habe ich lange nicht gesehen.

(4a) und (4b) zeigen sogenannte **lose Topik-Linksversetzungen**.

(4) a. Miriam, sie kommt heute wohl zu spät.
b. Mein Onkel, ich habe ihn lange nicht gesehen.

Sie ähneln den Konstruktionen in (3) natürlich sehr, weisen aber keine Kongruenz zwischen Thema-Ausdruck und Pronomen auf.

Die Beispiele (5) bis (7) zeigen ebenfalls Konstruktionen, mit denen Thema-Ausdrücke besonders hervorgehoben werden. Hier sind diese Ausdrücke aber in bestimmte Satzmuster integriert. (5) zeigt das **freie Topik** mit dem charakteristischen *was x betrifft* im

Vor-Vorfeld eines Hauptsatzes, der den Kommentar zu dem Thema ausdrückt.

(5) Was Miriam betrifft, so weiß ich nicht, warum sie heute zu spät kommt.

(6) illustriert den **Spaltsatz** (Cleft-Satz). Hier liegt ein *Es*-Kopula-Satz vor, an den ein Relativsatz angeschlossen ist.

(6) Es war Miriam, die die Brausebonbons zubereiten wollte.

(7) führt ein Beispiel für einen **Sperrsatz** (Pseudocleft-Satz) vor. Hier liegt ebenfalls ein Kopula-Satz vor, der hier aber durch einen W-Satz ergänzt wird.

(7) Was Miriam zubereiten wollte, (das) waren Brausebonbons.

Wie baut man nun die nicht-integrierten Thema-Ausdrücke in eine Stellungsfelderanalyse ein? In unserem Modell bietet sich dafür nur das Vorfeld oder das Vor-Vorfeld an. Man kann das Stellungsfeldermodell zwar im Prinzip ohne weiteres ausbauen und um einige Felder mehr in den Randzonen anreichern; das darzustellen, übersteigt aber den Rahmen dieser Einführung. Die Duden-Grammatik (2005: 899) bietet dazu einen guten Einstieg.

Grundbegriffe: Satzgliedverband, Informationsstruktur, Thema, Rhema, Topik, Kommentar, Fokus, (lose Topik-) Linksversetzung, freies Topik, Spaltsatz, Sperrsatz.

Weiterführende Literatur: Musan (2002) gibt einen Überblick über Grundbegriffe der Informationsstrukturtheorie. Jacobs (2001) behandelt unterschiedliche informationsstrukturelle Konstruktionstypen.

13. Ein paar Worte zum Schluss, oder zum Anfang

Tüchtig, wie Sie sind, haben Sie soeben das letzte Kapitel dieses Büchleins erreicht. Zwölf Kapitel lang haben Sie sich immer wieder damit auseinandergesetzt, dass wir für eine umfassende Satzanalyse immer wieder zwei Ebenen beachten müssen: einerseits die Ebene der kategorialen **Form** und andererseits die Ebene der **Funktion** im Satz. Die Tabelle in (1) soll noch einmal zusammenfassend die unterschiedlichen Möglichkeiten illustrieren.

(1) Übersicht zu wichtigen Form-und-Funktion-Kombinationen

Form/Kategorie	Mögliche Funktionen
Nominalphrase	Subjekt: Diese Geschichte *gefällt mir*. Objekt: *Lea glaubt* diese Geschichte.

	Adverbial: *Lea backt* dieses Wochenende.
	Attribut: *Der Käsekuchen* meiner Nichte *schmeckt toll*.
	Prädikativ: *Meine Nichte ist jetzt* Studentin.
Präpositionalphrase	Subjekt: ---
	Objekt: *Lea hofft* auf eine Freistunde.
	Adverbial: *Lea backt* in der unteren Küche.
	Attribut: *Der Käsekuchen* auf dem Tisch *schmeckt toll*.
	Prädikativ: *Meine Nichte ist jetzt* in Tübingen.
Adjektivphrase	Subjekt: ---
	Objekt: ---
	Adverbial: *Lea backt* schnell.
	Attribut: *Der tolle Käsekuchen ist von Lea*.
	Prädikativ: *Meine Nichte ist* klug.
Adverbphrase	Subjekt: ---
	Objekt: ---
	Adverbial: *Lea backt* heute.
	Attribut: *Der Käsekuchen* heute *schmeckt toll*.
	Prädikativ: *Meine Nichte ist* hier.
Nebensatz	Subjekt: Was du erzählt hast, *gefällt mir*.
	Objekt: *Lea glaubt*, dass der Ofen kaputt ist.
	Adverbial: *Lea backt*, wenn sie dazu Lust hat.
	Attribut: *Die Frage*, ob Lea heute backt, *ist ungeklärt*.
	Prädikativ: *Ein Problem ist*, regelmäßig zu trainieren.

Ferner ist immer wieder die Frage der **Valenz** aufgetaucht: Ist ein bestimmter Ausdruck in einem Satz von der Valenz eines Wortes vorgegeben oder nicht? Manche Satzgliedfunktionen können von valenzvorgegebenen Ausdrücken realisiert werden, manche nicht. Die Tabelle in (2) gibt eine kleine Übersicht darüber.

(2) Übersicht zu Satzgliedfunktionen und Valenz

Funktion	Valenzvorgeben	Nicht valenzvorgegeben
Subjekt	Hannes *kocht Suppe*.	---
Objekt	*Hannes kocht* Suppe.	---
Adverbial	*Hannes stellt Suppe* dorthin.	*Hannes kocht* abends *Suppe*.
Attribut	*Der Koch* der Suppe *schläft*.	*Hannes kocht* grüne *Suppe*.
Prädikativ	*Die Suppe ist* grün.	*Hannes kocht die Suppe* grün.
Freier Dativ	--- (theorieabhängig)	*Hannes kocht* uns *Suppe*.

Sie haben jetzt eine Menge gelesen und, hoffentlich, eine Menge gelernt. Es wird Ihnen nicht entgangen sein, dass Sie manchmal verwirrt waren. Das ist vollkommen normal. Es wäre sogar eigenartig, wenn es anders wäre! Denn Satzanalyse ist nicht einfach, und das liegt nicht nur in der Natur der Sprache und ihrer zum Teil wirklich verwickelten Syntax. Es liegt mindestens im selben Maße daran, dass man das Gefühl nicht los wird, es ginge manchmal manches durcheinander: Da werden in der Literatur unterschiedliche Terminologien verwendet. Oder es gibt Fachbegriffe, die sehr ähnlich klingen, aber ganz Unterschiedliches bezeichnen, wie „Konjunktion", „Konjugation" und „Konjunktiv". Oder es gibt sachliche Schwierigkeiten: Man soll Ausdrücke einfach als Attribute analysieren, die im Grunde gegenüber ‚ihrem' Nomen den Status von Subjekten, Objekten oder Adverbialen haben. Oder es wird einerseits von Adverbialen gesprochen, andererseits – im Zusammenhang mit Attributen – von adverbialer Semantik. Und so weiter. Kein Wunder, dass ab und zu Gefühle der Verwirrung aufkommen, vor allem wenn Sie versuchen, Sätze zu analysieren, wie Sie in freier Wildbahn vorkommen (siehe Aufgabe 3). Bitte, verlieren Sie trotzdem nicht den Mut. Es klingt unglaublich, ist aber wahr: Satzanalyse kann Spaß bringen! Und, wie sonst auch, Übung macht den Meister ...

Aufgabe1: Erstellen Sie für die folgenden Sätze Satzanalysen.
a. *Der kerngesunde Fritz war gestern trotz des widrigen Wetters mit Eis und Schnee mit seiner Oma im Park gewandert.*
b. *Wahrscheinlich wurde Klara am Dienstag auf den heutigen Klausurtermin aufmerksam.*
c. *Vielleicht hat sie dann gedacht, Arbeiten bringt Spaß.*
d. *Seit diese Anforderungen im Seminarplan stehen, ist klar, dass Luise als fleißige Studentin bis Weihnachten ihre Hausarbeit geschrieben haben wird.*
e. *Wie unsere fabelhaften Studenten wissen, bleibt die Eigenarbeit mit Grammatiken wie der Duden-Grammatik im Studium ja ganz besonders unverzichtbar.*
f. *Ohne Max zu kennen, interessierte Luise die Frage, wann er sich aufraffen wollte, die Aufgabe zu erledigen, wegen der er ohnehin keine Anerkennung finden konnte.*
g. *Der Rat hat festgestellt, dass das am Montag beschlossene Gesetz für uns durch die Vertretungen von Zweidritteln der beteiligten deutschen Länder angenommen worden ist.*
h. *Die getigerte Katze habe sich in dieser Familie doch gut entwickelt, meinte Luise.*
Aufgabe 2: Erstellen Sie für die Sätze aus Aufgabe 1 Stellungsfelderanalysen.
Aufgabe 3: Versuchen Sie, die Sätze des heutigen Leitartikels Ihrer Lieblingszeitung zu analysieren.

Weiterführende Literatur: Zur Vertiefung der Satzgliedanalyse: Altmann und Hahnemann (2005), Welke (2007). Beide Bücher enthalten auch Übungen. Lassen Sie sich aber bitte nicht davon verwirren, dass zum Teil eine etwas andere Terminologie verwendet wird. Dasselbe gilt auch für Kürschner (2003), der einen knappen, klaren, oft hilfreichen Überblick über Begriffe bietet.

Literatur

Altmann, Hans und Hahnemann, Suzan (2005): *Syntax fürs Examen. Studien- und Arbeitsbuch*. 2., überarbeitete und erweiterte Auflage. Opladen: VS Verlag für Sozialwissenschaften.

Altmann, Hans und Hofmann, Ute (2004): *Topologie fürs Examen. Verbstellung, Klammerstruktur, Stellungsfelder, Satzglied- und Wortstellung*. 2., überarbeitete und erweiterte Auflage. Opladen: VS Verlag für Sozialwissenschaften.

Bausewein, Karin (1990): *Akkusativobjekte, Akkusativobjektsätze und Objektsprädikative im Deutschen. Untersuchungen zu ihrer Syntax und Semantik*. Tübingen: Niemeyer.

Bierwisch, Manfred (1963): *Grammatik des deutschen Verbs*. Berlin: Akademie Verlag.

Breindl, Eva (1989): *Präpositionalobjekte und Präpositionalobjektsätze im Deutschen*. Tübingen: Niemeyer.

Bußmann, Hadumod (ed.) (2002): *Lexikon der Sprachwissenschaft*. 3., aktualisierte und erweiterte Auflage. Stuttgart: Kröner.

Dowty, David (1991): „Thematic Proto-Roles and Argument Selection." *Language* 67, 547-619.

Duden (1995): Bd.IV, *Grammatik der deutschen Gegenwartssprache*. 5. Auflage. Mannheim: Bibliographisches Institut.

Duden (2005): Bd. IV, *Grammatik der deutschen Gegenwartssprache*. 7., völlig neu erarbeitete und erweiterte Auflage. Mannheim: Bibliographisches Institut.

Eisenberg, Peter (2006): *Grundriss der deutschen Grammatik. Band 2: Der Satz*. 3., durchgesehene Auflage. Stuttgart, Weimar: Metzler.

Engel, Ulrich (1994): *Deutsche Grammatik*. 3., völlig neu bearbeitete Auflage. Heidelberg: Groos.

Engel, Ulrich (2004): Deutsche Grammatik. Neubearbeitung. München: Iudicium.

Fabricius-Hansen, Cathrine (1981): „Was ist nun wieder ein Korrelat? Gedanken zur Rehabilitierung eines naiven Nebensatzbegriffs." *Kopenhagener Beiträge zur Germanistischen Linguistik* 18, 1-45.

Fuhrhop, Nanna und Thieroff, Rolf (2005): „Was ist ein Attribut?" *Zeitschrift für Germanistische Linguistik* **33**, 306-342.

Geilfuß-Wolfgang, Jochen (2002): „Syntax." In: Meibauer, Jörg et al. (2002): *Einführung in die germanistische Linguistik*. Stuttgart, Weimar: Metzler, 121-161.

Haftka, Brigitta (1993): "Topologische Felder und Versetzungsphänomene." In: Jacobs, Joachim, Arnim von Stechow und Wolfgang Sternefeld (eds.) (1993): *Syntax. Ein internationales Handbuch zeitgenössischer Forschung*. 1. Halbband. Berlin, New York: de Gruyter, 846-867.

Haider, Hubert (1994): „(Un-) heimliche Subjekte." *Linguistische Berichte* 153, 372-385.

Heidolph, K. E., W. Flämig und W. Motsch (eds.) (1981): *Grundzüge einer deutschen Grammatik*. Berlin: Akademie-Verlag.

Helbig, Gerhard (1988): *Lexikon deutscher Partikeln.* Leipzig: Verlag Enzyklopädie.
Helbig, Gerhard und Buscha, Joachim (2001): *Deutsche Grammatik. Ein Handbuch für den Ausländerunterricht.* 16. Auflage. Berlin, München: Langenscheidt.
Hoffmann, Ludger (ed.) (2007): *Handbuch der deutschen Wortarten.* Berlin, New York: de Gruyter.
Jacobs, Joachim, Arnim von Stechow, Wolfgang Sternefeld und Theo Vennemann (eds.) (1995): *Syntax. Ein internationales Handbuch zeitgenössischer Forschung.* 2. Halbband. Berlin, New York: de Gruyter.
Jacobs, Joachim (2001): „The dimensions of topic – comment." *Linguistics* 39, 641-681.
Kürschner, Wilfried (2003): *Grammatisches Kompendium. Systematisches Verzeichnis grammatischer Grundbegriffe.* 4., ergänzte und bearbeitete Auflage. Tübingen, Basel: Francke.
Meibauer, Jörg et al. (2002): *Einführung in die germanistische Linguistik.* Stuttgart, Weimar: Metzler.
Meineke, Eckhard (1996): *Das Substantiv in der deutschen Gegenwartssprache.* Heidelberg: Winter.
Musan, Renate (2002): „Informationsstrukturelle Dimensionen im Deutschen." *Zeitschrift für Germanistische Linguistik* **30**, 198-221.
Olsen, Susan (1997): „Zum Status der Kategorie Verbpartikel." *Beiträge zur Geschichte der deutschen Sprache und Literatur* 119, 1-32.
Oppenrieder, Wilhelm (1991): *Von Subjekten, Sätzen und Subjektsätzen. Untersuchungen zur Syntax des Deutschen.* Tübingen: Niemeyer.
Pittner, Karin und Berman, Judith (2004): Deutsche Syntax. Ein Arbeitsbuch. Tübingen: Narr.
Schaeder, Burkhard und Knobloch, Clemens (eds.) (1992): *Wortarten. Beiträge zur Geschichte eines grammatischen Problems.* Tübingen: Niemeyer.
Schaeder, Burkhard und Knobloch, Clemens (2000): „Kriterien für die Definition von Wortarten." In: Booij, Geert et al. (eds.) (2000): *Morphologie/Morphology. Ein internationales Handbuch zur Flexion und Wortbildung.* 1. Halbband. Berlin, New York: Walter de Gruyter, 674-692.
Stechow, Arnim von und Sternefeld, Wolfgang (1988): *Bausteine syntaktischen Wissens.* Westdeutscher Verlag: Opladen.
Wegener, Heide (1985): *Der Dativ im heutigen Deutsch.* Tübingen: Narr.
Welke, Klaus (2007): *Einführung in die Satzanalyse. Die Bestimmung der Satzglieder im Deutschen.* Berlin, New York: de Gruyter.
Zifonun, Gisela (2002): *Das Pronomen. Teil I: Überblick und Personalpronomen.* Tübingen: Narr.
Zifonun, Gisela et al. (1997): *Grammatik der deutschen Sprache.* 3 Bde. Berlin.

Glossar

Adverbial Ein Ausdruck, der die näheren Umständen einer durch ein Vollverb oder Adjektiv gegebenen Situation (z.B. Ort oder Zeit) beschreibt; ein Adverbial kann eine Ergänzung oder eine Angabe sein

Agensphrase Die mit *von* oder *durch* gebildete Phrase in einem Passivsatz, die das Subjekt des entsprechenden Aktivsatzes wiedergibt und weglassbar ist.

Angabe Ausdruck, der den Satz oder einen Teil davon näher bestimmt; anders als eine Ergänzung ist eine Angabe nicht von der Valenz eines Wortes gefordert.

Attribut Beifügung zu einem Nomen und damit Teil der entsprechenden Nominalphrase.

Deklination Morphologisch-grammatische Veränderung von Nomen, Adjektiven, Pronomen und Artikelwörtern, passend zu ihrer grammatischen Umgebung, hinsichtlich Kasus, Numerus und (außer für Nomen) Genus.

Einbettender Satz Haupt- oder Nebensatz, der einen Nebensatz enthält.

Ergänzung Ausdruck, der die Valenz eines anderes Ausdrucks füllt. Ergänzungen sind entweder obligatorisch (d.h. sie müssen im Satz realisiert werden) oder fakultativ (d.h. sie sind weglassbar). Einen Gegensatz zur Ergänzung stellt die Angabe dar.

Funktionsverbgefüge Ausdruck, der aus einem bedeutungsarmen Funktionsverb und einer Nominalphrase oder einer Präpositionalphrase besteht (z.B. *zur Entscheidung* bringen) und als Gesamtausdruck eine Bedeutung trägt.

Gliedsatz Nebensatz, der in seinem einbettenden Satz die Funktion eines Satzgliedes hat.

Gliedteilsatz Nebensatz, der in seinem einbettenden Satz die Funktion eines Gliedteiles (Attribut) hat.

Grundwortstellung Wortstellung, bei der die Wörter an den Positionen stehen, zu denen sie inhaltlich bzw. hinsichtlich ihrer Funktion gehören. Der Verbkomplex steht zugrundeliegend in der rechten Satzklammer.

Hauptsatz Satz, der als syntaktisch selbständiger Ausdruck verwendet werden kann; kann Nebensätze enthalten.

Infinitivpräfix Das *zu*, das je nach grammatischem Kontext oft unmittelbar vor infinitivischen Verben steht.

Kasusrektion Festlegung des Kasus einer Nominalphrase durch Verben oder Präpositionen.

Kongruenz Durch bestimmte morphosyntaktische Konstellationen verursachte Übereinstimmung in bestimmten morphologischen Merkmalen wie Genus, Kasus, Numerus, Person.

Konjugation Morphologisch-grammatische Veränderung von Verben, passend zu ihrer grammatischen Umgebung, hinsichtlich Person, Numerus, Tempus und Modus.

Kopf/Kern einer Phrase Jener Teil einer Phrase, der die wesentlichen morphosyntaktischen Merkmale der anderen Phrasenbestandteile steuert.

Nebensatz Satz, der nicht allein als syntaktisch selbständiger Ausdruck verwendet werden kann.

Nominalphrase Phrase, die ein Nomen als Kopf enthält.

Objekt Eine Ergänzung zu einem Verb oder Adjektiv, die – durch die Valenz des Verbs oder Adjektivs gesteuert – mit dem Genitiv, Dativ oder Akkusativ markiert ist oder mit einer bestimmten Präposition auftritt.

Phrase Eine Gruppe von Wörtern oder auch ein einzelnes Wort, die in sich eine vollständige funktionale Einheit bildet und meist nur als Einheit im Satz umgestellt werden kann.

Prädikativ Ausdruck, der eine Eigenschaft von durch ein Subjekt (Subjekt-Prädikativ) oder durch ein Objekt (Objekt-Prädikativ) oder wahlweise durch Subjekt oder Objekt (freies Prädikativ) beschriebenen Entitäten angibt, der aber nicht attributiv ist, d.h. keine syntaktische Einheit mit dem Bezugsausdruck bildet.

Präpositionalobjekt Eine Ergänzung zu einem Verb oder Adjektiv, die nur mit einer bestimmten, durch die Valenz des Verbs oder Adjektivs gesteuerten Präposition auftreten kann

Präpositionalphrase Phrase, die eine Präposition als Kopf enthält.

Prototyp Typischer Vertreter einer Kategorie.

Satzklammerfelder Die Zonen oder Felder des deutschen Satzes, die durch Subjunktionen (linkes Satzklammerfeld), finite Verben (linkes und rechtes Satzklammerfeld) oder durch infinite Verben (rechtes Satzklammerfeld) besetzt sein können und Vorfeld, Mittelfeld und Nachfeld voneinander abgrenzen.

Semantische Rolle Gibt an, in welcher Weise eine Ergänzung an einer Situationbeteiligt ist, z.B. als Agens, Patiens, Experiencer, Rezipient usw.

Subjekt Die Ergänzung zu einem Verb, die im Nominativ steht, sofern sie als Nominalphrase oder Pronomen realisiert ist, und die mit dem finiten Verb in Person und Numerus kongruiert.

Valenz Die Eigenschaft von Verben, Adjektiven und Nomen, Leerstellen zu eröffnen, die durch Ausdrücke mit bestimmten Eigenschaften (Ergänzungen) zu füllen sind.

Verb-Endstellung Stellung des Verbs in seiner Grundstellung in der rechten Satzklammer, besonders oft in Nebensätzen zu beobachten.

Wortart Menge von Wörtern, die bestimmte morphologische, syntaktische oder auch Bedeutungseigenschaften miteinander teilen.

Sachregister

absolutes Adverb 25
Abtönungspartikel 28, 87
Adjektiv 23
Adjektivattribut 8, 66
Adjektivphrase 32, 90
Adverb 24
Adverbattribut 66
Adverbial 5, 55, 57, 63, 73, 78, 91
adverbiale Bestimmungen 5
adverbialer Kasus 57
Adverbialsatz 78
Adverbphrase 32, 90
Adversativadverbial 63
Agens 3, 45, 59, 60
   Prototyp 61
Agensphrase 58
Akkusativ
   -attribut 66
   Funktionen 51
   mit Infinitiv 62
   -objekt 3
   Pertinenz- 62
Akkusativadverbial 58
Aktant 53
alt/neu 11
Angabe 35, 53, 68
Anredenominativ 47
Apposition, enge/lockere 70
appositiv 78
Artikelwort 16, 67
Attribut 8, 50, 66, 91
   komplexes 68
Attributsatz 67, 78
aufgespaltene Nominalphrase 62
Beiordnung 75
bekannt/unbekannt 11, 88
bestimmter Artikel 19
Cleft-Satz 89
Dativ
   -attribut 55, 66
   freier 91
   Funktionen 51

   -objekt 3, 52
   Pertinenz- 54
   possessiver 54
Dativus Commodi 53
Dativus Ethicus 54
Dativus Incommodi 53
Dativus Judicantis 54
definiter Artikel 19
deiktisch 25
Deklination 15, 16, 19
deklinierbar 23
Demonstrativ 18
Dependenzbaum 35
depiktives Prädikativ 65
einbettender Satz 79
Ellipse 44, 47
Erfragbarkeit 3
   Kausaladverbiale im weiten
     Sinne 7
   Lokaladverbial 5
   Modaladverbial 6
   Objekt 3
   Subjekt 1
   Temporaladverbial 6
Ergänzung 2, 3, 4, 53, 68
   fakultative 5
   obligatorische 5
es 12, 46, 51
Experiencer 60
Explikativadverbial 63
Extraposition 83
fakultative Ergänzung 5
Finaladverbial 7
finit 38
finites Verb 10
Flexionselement, vorangestelltes 22
Fokus 88
Fokuspartikel 27
Form und Funktion 13, 23, 24, 49, 50, 90
formales Objekt 51

formales Subjekt 46
Fragesatz, eingebetteter 78
freier Relativsatz 78
freies Prädikativ 72
Funktionsverbgefüge (FVG) 43
Genitiv
  -attribut 66
  Funktionen 50
  -objekt 3
Genitivadverbial 57
Gesprächspartikel 28
Gleichrangigkeit 75
Gliedsatz 75
Gliedteil 8
Gliedteilsatz 75
Goal 60
Grad von Nebensätzen 79
Gradpartikel 27
Grundwortstellung 11
Gruppe 31
Hauptsatz 79
Hauptverb *Siehe* Vollverb
Hilfsverb 20, 39
Hypotaxe 75
Imperativsätze 47
indefiniter Artikel 19
Indefinitum 19
infinite Verbform 20
Infinitiv 20
Infinitivkonjunktion 22
Infinitivkonstruktion 39
  (nicht-)satzwertige 82
  als Attribut 66
Infinitivpartikel 22
Infinitivpräfix 22
Infinitivsatz 47, 76
Infinitiv-*zu* 22, 41
Informationsstruktur 87
Instrument 60
Integration 42
Intensitätspartikel 27
Interjektion 29
Interrogativ 18
Interrogativadverb 26
Irrelevanzkonditionaladverbial 63
Junktion 21

Kasusrektion 21
Kausaladverbial im engen Sinne 7
Kausaladverbial im weiten Sinne 6
Kausalität 6
Kern 14, 31
Kernsatz 76
Kommentar 88
Kommentaradverb 25
Kommentaradverbial 64
Komparation 23
Konditionaladverbial 7
Kongruenz 1
Konjugation 15, 20
Konjunktion 21, 25, 39, 87
Konjunktionaladverb 25
Konsekutivadverbial 7
Konstituentenstruktur 36
Konzessivadverbial 7
Koordination 44
Kopf 14, 31, 70
Kopulaverb 8, 20, 40
Korrelat 82
Leerstelle 2
Linksversetzung 89
Lokaladverbial 5
Lokation 60
LSK 10
Mittelfeld 10, 11
Modaladverbial 6, 64
Modalpartikel 28
Modalverb 20, 39
Modalwort 25
Nachfeld 10
Nebenordnung 75
Nebensatz 90
  eingeleiteter 77
  finiter 76
  infiniter 76
  nachgestellter 77
  Repräsentation 80
  vorangestellter 77
  weiterführender 79
  Wortstellung 10
  zwischengestellter 77
Negationspartikel 28, 87
Nomen 15, 20

Nominalphrase 31, 90
  akkusativische 51
  aufgespaltene 62
  dativische 51
  genitivische 50
Nominativ 45
Objekt 3, 48, 91
  affiziertes 60
  Definition 53
  effiziertes 60
  inneres 61
  sekundäres 49
Objekte zu Adjektiven 49
Objekt-Prädikativ 72
Objektsatz 77
obligatorische Ergänzung 5
Onomatopoetika 29
Ort 60
Parataxe 75
  Repräsentation 84
Partikel 27, 87, 88
Partikelverb 40
Partizip II 41
Partizipkonstruktion 39
Partizipsatz 47, 76
Passivierung 58
Passiv-Präpositionalphrase 61
Passivsätze, subjektlose 47
Patiens 59, 60
Personalpronomen 18
Pertinenzakkusativ 62
Pertinenzdativ 54
phorisch 25
Phrase 14, 31, 61
Phrasenstruktur 36
Platzhalter-*es* 12
Possessiv 18
possessiver Dativ 54
Possessor 60
Postposition 21
Prädikat 1, 38
Prädikativ 8, 71, 91
  depiktives 65
  freies 65, 72
  resultatives 65
Prädikativ oder Adverbial? 73

Prädikativsatz 77
Prädikatsnomen 8
Präfixverb 40
Präposition 21, 87
Präpositionaladverb 26
Präpositionalattribut 66
Präpositionalobjekt 3
  Merkmale 55
Präpositionalphrase 32, 51, 55, 90
Pronomen 16
Pronominaladverb 26
Prototyp
  einer Wortart 16
  eines Agens 61
Pseudocleft-Satz 89
Quelle 60
reflexive Konstruktion 41
reflexives Verb 41
Reflexivpronomen 18, 41
Reihung 39
Relativadverb 26, 77
Relativpronomen 18, 77
Relativsatz 66, 77
  freier 78
  ohne Relativpronomen 79
Relativsatz zum Ganzsatz 79
restriktiv 78
Restriktivadverbial 63
Resultat 59, 60
resultatives Prädikativ 65
Reziprokpronomen 18
Rhema 88
Rollenspieler 2, 53
RSK 10
Satzadverbial 64, 87
Satzäquivalent 29, 87
Satzgefüge 79
Satzgliedverband 87
Satzklammerfeld
  linkes 10
  rechtes 10, 11, 40, 95
Satzreihe 84
Satzteiljunktion 22
Satztyp 12
Satzverbindung 84
semantisch verblasst 43, 56

semantische Rolle 3, 58
Situation 2
Situativadverbial 63
Spaltsatz 89
Spannsatz 76
Sperrsatz 89
Stellungsfeldermodell 10
Stimulus 60
Stirnsatz 76
Subjekt 1, 45, 91
   formales 46
Subjekt-Prädikativ 8, 40, 72
Subjektsatz 77
Subjunktion 22, 25, 87
Subjunktionalphrase 32
Subjunktionalsatz 77
Substantiv *Siehe* Nomen
Substantivgruppe 31
Substitutivadverbial 63
Syntax 1
Tabellendarstellung 34
Temporaladverbial 6
Textadverbial 64
Thema (als informationsstrukturelle
   Einheit) 88
Thema (semantische Rolle) 60
Topik 88
Topik-Linksversetzung, lose 89
Topologisches Modell 10
Umstände 5
unbestimmter Artikel 19
Unkonditionaladverbial 63
Unterordnung 75
Valenz 2, 4, 35, 53
   und Satzgliedfunktion 91
Verb 20

finites 10, 20, 41
   Wortstellung 11, 95
Verbalphrase 32
Verb-Endstellung 76
Verb-Erststellung 76
Verbkomplex 40
Verb-Zweitstellung 76
Vergleich 22
Vollverb 20, 35, 38
von-Phrase 61
Vorfeld 10, 40, 52
Vorfeld-*es* 12
Vor-Vorfeld 10
Weglassbarkeit 5
weiterführender Nebensatz 79
Wortarten 15
   morphologische Kriterien 15
   pragmatische Kriterien 15
   semantische Kriterien 15
   syntaktische Kriterien 15
Wortartenklassifikationen 14
Wortstellung
   Belebtheit 11
   bevorzugte 12
   Definitheit 11
   freie 10
   konkurrierende Faktoren 12
   neue/alte Information 11
   Pronomen 11
   Reflexivpronomen 42
   Verb 10, 11, 41, 95
   zugrundeliegende 11
Zirkumposition 21
zugrundeliegende Wortstellung 11
zu-Infinitiv 22, 41
zusammengesetzter Satz 75